雅斯贝尔斯著作集

大哲学家

孔子与老子

李雪涛　译

华东师范大学出版社
·上海·

图书在版编目（CIP）数据

大哲学家. 孔子与老子/（德）卡尔·雅斯贝尔斯
著；李雪涛译.—上海：华东师范大学出版社，2023
（雅斯贝尔斯著作集）
ISBN 978-7-5760-3705-0

Ⅰ.①大⋯ Ⅱ.①卡⋯②李⋯ Ⅲ.①孔丘(前551—
前479)-哲学思想-研究②老子-哲学思想-研究 Ⅳ.
①B1

中国国家版本馆 CIP 数据核字（2023）第 068460 号

雅斯贝尔斯著作集
大哲学家：孔子与老子

著　　者　（德）卡尔·雅斯贝尔斯
特约策划　李雪涛
译　　者　李雪涛
策划编辑　王　焰
责任编辑　朱华华
责任校对　庄玉玲　时东明
装帧设计　郝　钰

出版发行　华东师范大学出版社
社　　址　上海市中山北路 3663 号　邮编 200062
网　　址　www.ecnupress.com.cn
电　　话　021-60821666　行政传真 021-62572105
客服电话　021-62865537　门市（邮购）电话 021-62869887
地　　址　上海市中山北路 3663 号华东师范大学校内先锋路口
网　　店　http://hdsdcbs.tmall.com

印刷者　上海中华商务联合印刷有限公司
开　　本　890 毫米×1240 毫米　1/32
印　　张　6.25
插　　页　2
字　　数　138 千字
版　　次　2023 年 1 月第 1 版
印　　次　2023 年 1 月第 1 次
书　　号　ISBN 978-7-5760-3705-0
定　　价　59.80 元

出版人　王　焰

（如发现本版图书有印订质量问题，请寄回本社客户中心调换或电话 021-62865537 联系）

从 1937 年开始，雅斯贝尔斯着手落实他的哲学的世界史规划。在以后 20 多年的岁月中，他除了出版《大哲学家》（1957），还留下了两万多页的手稿。这幅照片摄于纳粹专制的 1942 年，当时他不仅已经被迫"退休"，而且不被允许发表任何作品。《大哲学家》中的一部分内容，正是他在此时完成的。

汉译凡例

一、结构

本著作集每一本译著的结构是一致的：除了原书的翻译部分之外，书后附有"解说"、"索引"、"译后记"。"解说"主要对本书的主题、时代背景等进行说明；"译后记"主要对翻译的情况与问题进行交代。已出版的德文单行本大都没有索引，中文索引主要依据译文的内容编纂而成。正在陆续出版的德文全集版只有"人名索引"，中文版除"人名索引"外，增加了"事项索引"。

二、标题

雅斯贝尔斯德文原著的标题、标号较之一般著作颇为特殊，但从目录上基本可以体现他对某一研究的整体设计和他自己哲学思想的结构。在编辑过程中，采用以德文原版为准，同时参考日译本的处理方式。

三、注释

雅斯贝尔斯著作的德文原著，大部分使用的是尾注，小部分采用的是简注的方式（如《老子》只给出了章节的数字），也有部分著作采用页下注。本书原文没有注释，所有注释均为译注，统一以尾注的方式出现，均连续编号。

四、专用名词、术语、人名

重要的专用名词和术语以及人名的翻译，可在"事项索引"、"人名索引"中查到。

目　录

孔　子

原典

中国经典，其中特别是《论语》。此外尚有《司马迁》（卫礼贤（Wilhelm）的译本，收入他的《孔子》一书中）。译本有卫礼贤、哈斯（Haas）的译本。

研究文献

卫礼贤、克劳（Crow）、施狄勃（Stübe）[1]、贾柏连孜（von der Gabelentz）、福兰阁（O. Franke）。[2]

　　透过层层变化的传说想要描绘出历史上孔子的形象，似乎是不太可能的。他对先人们流传下来的文献做过整理编辑，也有自己的论述，但我们却没有办法明确知道这一形式中的哪一些确系孔子所为。汉学家们的意见分歧很大，涉及重大的问题，比如依照福兰阁的看法，孔子根本不知道《易经》，而依据传说，《易经》乃是孔子晚年所研究的对象。[3]佛尔克（Forke）认为传说中被孔子尊为老师的老子，实际上生于孔子之后甚久。[4]所提出的赞成或反对的论断，都是具有令人信服的理由的。不过从可以确信无疑乃为孔子所作的篇章丰富的原文资料中，我们还是能描绘出一个符合历史真实性的孔子来的，尽管在细节上有诸多不确定的因素。从中我们可以看到孔子在本质上具有浑然卓越的统一性，而这跟中国人后来对他的描述明显有矛盾的地方。我们可以在公元前最后一个世纪由司马迁所撰写的古老的传记中，以及在《论语》中，注意到他本人的、不可能是杜撰的一些特征。我们可以具体想象他所生活与思考的精神状况，以及反对者对他的描述。

1. 生平[5]

孔子（约公元前551—公元前479）[6]在鲁国出生，也在那里去世。三岁时丧父[7]，由母亲抚养，在贫困的境遇中长大成人。孩提时便喜爱摆设祭祀的器皿，并模仿祭祀礼仪的情形。[8]19岁时结婚，生有一子二女。[9]无论是对妻子还是对儿女，都没有表现出真挚亲切的关系。他身材高大，并且有过人的体力。[10]

19岁时，孔子到一个贵族之家担任职事，管理农田和畜牧。[11]32岁时，他受聘为鲁国大夫子弟的老师，以传授古代礼仪。[12]33岁时，他到都城洛阳去学习（作为古代中国统一帝国的）周帝国流传下来的制度与风俗。而当时的周事实上已经分裂成了诸多大大小小的相互征战的国家，而洛阳只不过是一个宗教中心而已。应当是在那时他访问过老子。34岁时，鲁侯由于受到强有力的贵族势力的威胁而离开本国，孔子跟随他流亡到邻国。[13]在那里孔子听到了音乐，并学习演奏，对此他非常入迷以至达到了忘食的程度。回到鲁国之后的15年里他一直在研究学问。

51岁时，他又重新开始了在鲁国的仕途生涯，曾为司寇（司法大臣），以至于宰相。[14]正由于他的作用，鲁侯增强了权力。国内贵族的叛乱被平定,城市的防御设施被拆除,国家繁荣昌盛,在外交政策上也非常成功。鲁国的兴盛使得邻国深深忧虑,齐王[15]便送给鲁侯80个精于舞蹈、音乐的美女,以及30驾由骏马良驹牵引的四驾马车。鲁侯对此大为满意,便对朝政懈怠了,也不再理会孔子的谏言了。创造了四年的辉煌政绩之后,孔子离开了鲁国。他离开自己的国家去旅行,但走得很慢,并且时常停留,因为他总是希望自己能被召回。

56—68岁这12年,是孔子周游列国时期。他从一国到另一国,希望他的学说能够在政治上得以实现。瞬间产生的期望以及其后的落魄失望,冒险经历以及所遭受的袭击,这些便是他的命运。有很多故事在说,弟子们如何随他而行,提醒他、安慰他,孔子如何违背一条很勉强的誓言。[16]卫公在同自己臭名昭著的夫人南子驶过市场时,孔子的马车紧随其后,人们讥讽道:"肉欲先行,道德随后。"[17]一位弟子因此对老师进行了责备。[18]孔子于是也离开了这个国家。在这些年里,作为国家政治的教育者以及治理者,孔子对自己的使命从未丧失过信心。虽然有时他也会感叹:"让我回故乡吧,让我回故乡吧。"[19]最后在68岁的时候,他已经老了,没有任何成就,回到了自己的祖国。他在一首诗中抱怨说,他周游了九个国家,结果没有达成任何目标;人们没有见识,而时间却匆匆过去了。[20]

孔子的晚年在鲁国平静地度过,没有接受任何官职,他的内心深处似乎起了很大的变化。有位隐士在谈到他时说:"难道他不是知道不可做,但还是坚持继续要做的那个人吗?"[21]孔子的伟大之处就在于,在这些年月中,他正是以此种精神来行事的。但是现在这一年迈的老者却断除了这样的念头。他研究充满神秘性的《易经》，通过对传统文献的整理编辑和对一群弟子的教育活动，他在文献上和实践中奠定了他所周密计划的新教育体系的基础。

一天早晨，孔子感到自己的死期将近。他在庭院中散步时独自吟道："大山终要崩塌，强有力的柱子会破碎，智者也会像植物一样逝去。"[22]当一位焦虑的弟子向他呼唤时，他说："没有智慧的君王出现，在帝国之中没有谁愿意以我为师。我死的时刻到了。"[23]他倒在了病床之上，八天之后与世长辞，那年他 73 岁。

2. 孔子的根本思想：借对古代的
复兴以实现对人类的救济

在帝国解体的困境之中，在战乱和动荡的时代，孔子便是那些想通过建议使国家得到拯救而到处游历的哲学家中之一员。对于所有这些哲学家来讲，出路便是知识，而孔子的解救之道则是有关古代的知识。他的根本问题是：什么是古代的文化？如何能够获得它？通过什么方式能实现它？

这一整理古代文化的方式本身就是新的东西。真正的生活和行为都归于了意识，也转变成了意识。如果明白了这一点，人就不再天真、幼稚了。如果它已经成为一种纯粹的习惯，知识便会赋予它一种激动人心的、可靠的特性。如果它被遗忘了，那么还会一再被记起，并得以恢复。但无论如何去理解它，它都不再与被理解的东西是同一个了。

通过将流传下来的文献转变成有意识的根本思想，实际上是产生了一种与古老的文化融为一体的新哲学。自己的思想并不通过其自身而展现：犹太人的先知们宣告了上帝的启示，孔子则宣告了古代之声。对于古代的自我尊崇，阻止了傲慢自大，可以从渺小的自我之中提出很高的要求。孔子的做法使得所有那些依然生活在本源之中的人，有机会得到更多的信仰与追求。那种源自纯粹理性的空无的独自思考，乃是徒劳无益的。"我曾经整日整夜不吃饭、不睡觉，只是为了思考；但这没有任何用处，还不如去学习。"[24]但是学习与思考是不可分割的整体，一方要求另一方：一方面，"思考而不去学习使人困倦，是危险的"；另一方面，"学习而不去思考，是无意义的"。[25]

"我只是文化传统的传播者，而不是创造新的东西的人。我非常忠诚，喜爱古代的文化。"[26]通过这些话，孔子表达了他对"孝"的推崇。我们生命的本质处于历史之中。孔子勾画出了一幅应当能够使得这唯一的真理发挥更好效果的历史画卷。在此他并不重视诸如车、犁、船的伟大发明者伏羲、神农、黄帝。对于他来讲，真正的历史始于社会和政府、礼仪和秩序的奠基者。最初具有这一崇高理想的人物乃是尧、舜、禹，他们从内心感知着上天那永恒的原始典范。孔子给这些人以最高的赞许。"只有天是伟大的，只有尧能适合它。"[27]这些伟大的奠基者和统治者，选择世间最优秀的人作为自己的后继者。一直到夏朝世袭制开始，才肇始了祸患。世袭制必然会使得统治者的声望日下。这一祸患的结局乃是传到了一位暴君那里，依照上天的意志他已经不再是一位统治者了，因而被推翻，并通过暴力革命产生了一位真正的统治者，于是商王朝的创始者汤就位了。因为世袭制度依然存在，所以同样的闹剧一再重演。这一王朝最后的统治者完全是一位暴君，终于在公元前11世纪的时候为周朝所取代。[28]周朝通过复兴对当时来讲已经是太古了的中国世界而重新获得了基础。不过在孔子生活的时代，这一王朝业已式微，分裂成了许多诸侯国。孔子决心为复兴周王朝而做些什么。他的复兴意愿乃是针对周王朝的奠基人，特别是针对周公而言的。周公辅佐未成年的侄子主持朝政，但从未有过不忠而篡位的想法。他通过自己的著作和行为为孔子树立了典范。

孔子对历史的见解首先具有"批判性"：他区分在古代何为善何为恶，并选择值得纪念的典范或作为警戒的例子。其次，他知道古代传统的重建，并不仅仅是追求外表上的同一。"一位生在今日的人返回到古代之道中去，他是个愚人，并且会陷入不幸。"[29]这里所倡导的是对永恒真理的温习，而不是对过去的模仿。这些永恒的思想在古代是得以清晰显现的。但现在是黑暗的时代，孔子希望通过自己的努力，能使这些永恒的思想重放光彩。

永恒真理独立存在，这一信念本身便蕴涵着能动性，并通过这一方式而吸收古代的传统。这一信念的作用实际上并不具有结论性，而是具有推动性的。孔子对权威这一重大的问题，提出了生动的解释，他认为权威并非仅仅是通过行使垄断暴力而获得的权力。真正的新生事物如何在与传统并行不悖的情况下成为现实存在的本质，这在历史上第一次由一种伟大的哲学而为人们所意识到：保守的生活方式为开放的自由思想所推动。

假如真理在过去显而易见，那么通过对过去的探究便可获得真理之道，不过在探究中要能够区分真伪。其方法便是学习，学习并不仅仅是学习关于什么的知识,而且要使其成为自己的知识。对已经具有的真理并不是要熟记它们,而是要从内心去领悟,从外部去实现。

这一真正的"学习"入门是要借助于书籍与学校的现实存在而达成的。书籍方面,孔子从古代的文书、文献、诗歌、神卜、礼法及风俗规定中选取教材,并且以真理和实用为尺度,校订成书;教育方面,则是通过学校教育来实现的,特别是通过他所创办的私塾,在这样的学堂中他要把弟子们培养成未来的政治家。

因此在孔子看来,学习与讲授的方式是一个根本的问题。

就孔子所理解的学习而言,弟子们如果没有伦理生活作为前提,是无法教授的。弟子应当爱父母,爱兄弟;应当诚实,认真。举止不良之人,在学习中绝不可能触及事物的本质。如果一位弟子坐到了一位长者的位子上,这就意味着,"他不是求上进的人,而是个想快速成就某事的人"。[30]在伦理的变迁中,作为弟子应当学会礼、乐、射、御、书、数等多种技艺。只有在这一基础之上,学术研究才能蓬勃发展。

有意义的学习存在着种种困难,并且要在与困难的永远不会有结局的斗争中忍耐着。喜爱学习的人每天都知道自己缺少什么,因为他不断地给自己以警示。[31]这一道路是艰难的:"学习的人,还没有向前深入至道;深入至道的人,还不能够使之增强;使之增强的人,还不能够在单独情况下予以权衡。"[32]因此弟子必须学习,就好像是永远也不能达到目的似的,也好像他害怕要失去已经学到的知识似的。有一位弟子认为自己的力量达不到，于是孔子鼓励他道："如果谁的力量不够，那么他会在半道上停下来，你却马上自己限制住了自己。"[33]过错不允许不改正："犯了错误而不去重新做好（改正），那才叫过错。"[34]他曾称赞他心爱的弟子道："他不犯同样的过错。"[35]

孔子谈到他与弟子们之间的关系。"如果不是真想学些东西的话，我是不会去开导他们的；如果没有真正努力想要表达的话，我是不会去帮助他们的；我给他们展示一个方面，如果他们还不能因此就想到其他三个方面的话，那我也就不再费口舌给他们解释什么了。"[36]但是考验的方式并不在随即的回答之中："我整天给回讲课，他没有任何回答，像个愚人。据我观察，他在单独一个人的时候，能发挥我的学说。可见他并不是愚人。"[37]孔子不过分称赞他的弟子："假如我称赞某人的话，那是因为我曾经考验过他。"[38]

孔子也记录下了他自己的治学之道。他说，他不是生下来就有知识的人，他是古代文化的真正热爱者，正因为此他才获得了知识。[39]他留意自己的同道，看见别人身上好的地方，便向他们看齐，看见别人身上不好的地方，便提醒自己不这样做。[40]他的知识不是与生俱来的。"多多地听，选择其中好的加以接受，多多地观察，并记下来，这样的知识至少是智慧的第二个层次。"[41]随着年龄的增长，孔子自身也在慢慢地进步着："我十五岁，有志于学问，三十岁便立得住脚了，四十岁不再疑惑，五十岁知道了天的法则，六十岁能通过耳朵辨别他人，七十岁可以随心所欲，任何念头不会越出规矩。"[42]

所有学习的意义在于实践。"有一个人，他即使能背诵《诗经》中所有的三百篇诗歌，如果委派他以政治使命，担任某一职务，他并不理解这一切；或者如果让他出使外国，他不能独立地进行酬酢，这些人纵然拥有这许多知识又有什么用处呢？"[43]

内心的陶冶是在学习之中形成的。"孩子们，你们为什么不去学习诗歌呢？诗歌可以使人们振作起来，可以以此来检查自己，可以学习社交，可以学得憎怨。在家可以以此侍奉父母，在外可以服侍君王。"[44]"《诗经》三百首，用一句话来概括的话，就是：不抱有邪恶的想法。"[45]

如果不学习，那么其他所有的德行便会像被雾笼罩一般，并且马上就会堕落退化；如果不好学，那么率直便会变为粗野，勇敢变为不顺从，刚毅成为胆大妄为，仁爱变成愚蠢，智慧成为混乱，诚实变成堕落。[46]

孔子的哲学是如何用古代的形式来表达新东西的，在这里应当作进一步的说明。我们首先要讨论的是道德-政治的伦理规范，以及这一伦理规范的登峰造极之处——"君子"理想；其次是支配根本知识的观念究竟是什么；最后是孔子如何通过对临界的自觉意识，亦即他有关教育、可传达性以及认识的临界知识，他有关自我所受挫折及心灵受到触动时的知识，以及使其整个一生的事业成为问题的一切，从而使这一思想世界的尽善尽美得以中止。

3. 孔子的道德-政治伦理规范：
最根本的乃是礼和乐

伦理规范的本质是陶冶人的本性，而不是抹杀之。伦理规范乃是在人际交往以及政治活动中得以实现的。在个人的形态中，它常常以"君子"的理想显现出来。

（1）礼：社会的秩序乃是依靠礼俗（礼是行为的规定）而得以维系的。"老百姓只可以通过礼俗而不是知识加以引导。"[47] 礼俗创造了全体之精神，又以此全体之精神激励着老百姓去生活。个体只有通过社会所公认的道德，才能成为人。礼意味着对所有人的不间断的教育。礼是借现实存在一切生命领域之中并形成了应有氛围的一些形式，诸如对事物的真切同情、信赖、尊敬。礼引导着人们通过教育而获得某些共同的东西，这些东西成为他们的第二天性，因此人们在感知礼的普遍性时，并不把它作为外在的强制，而是作为自身所固有的本质而存在着。礼的各种形式使每一个体的人从中获得确定、安全以及自由。

孔子所让我们认识的乃是以整体性而出现的礼，他观察、收集、陈述以及规范了礼的形式。整个中国的礼的世界尽显在孔子面前：个人行走的规矩、在社交中的问安以及根据不同情景的特殊表达形式，祭祀、庆典以及节日的形式，结婚、诞生、死亡以及葬礼的仪式，工作、战争、每日、四季、人生的各个阶段、家庭、待客的规则，一家之长、巫祝的作用，家庭生活、官吏生活的各种形式。这一既赫赫有名又备受辱骂的以多种形式出现的生活秩序，经过数千年而沿袭下来，并由贯穿一切的秩序的目的维系着，人一刻也不能从中逃离而不受到伤害。

但在孔子那里礼并没有绝对的特性。"诗篇使人振奋，礼使人变得坚强，音乐使人所学的知识得以尽善尽美。"[48]单纯的形式，就如同单纯的知识一样，如果没有充实它的起源性，没有在其中得以体现的人性，就没有价值，礼如果缺乏展现自身的仁，那也是同样没有价值的。

"当一个人超越了自我，进入了道德法则的'礼'的范畴"，[49]这才是人应有的归宿。举例来讲，正义也是最为本质的东西，"君子行事的原则乃是以礼来实行的"。[50]礼与其内容（根本性）应当保持均衡。"如果在内容方面太过，就变得粗野了；如果太重形式，那他就成了一位文学家了（爱在精神方面打扮的人）。"[51]在形式的实践中，最主要的是"自由与轻松"，但"不要试图通过固定形式的节奏来调节这种自由，那也会走火入魔"。[52]

作为一个人而没有仁爱，那礼对他能有什么帮助呢？[53]居于显赫地位而没有宽大的胸怀，参加祭礼的时候没有敬畏心，在丧礼时不悲哀：这些情况我怎么能看得下去呢？[54]在献祭的时候，如果不是用心来供奉，那跟没有供奉并没有什么两样。

为了保持礼和自然性之间的均衡，孔子对一方面如同另一方面一样强调。"那些在礼和乐方面勇于创新之人，对我们来讲乃是粗野的人；而那些在这些方面已经有所领略的人，我们认为他们是非常有教养的人。如果让我选择用人的话，我宁愿选那些在礼乐方面开辟道路的人。"[55]之后孔子对仅作为形式的形式再次做了评价：子贡赞成废止每月初一通常用活羊做牺牲的做法。孔子说："亲爱的子贡呀，你所涉及的问题是那只羊，而我所关注的却是那种习俗（礼）。"[56]

在孔子思想中，他并不去区分礼、伦理以及法，因此他更能清晰地看到它们的共同根源。他也不去区分没有责任感的审美以及伦理责任，即美与善的问题。这便更容易看得清楚，美中没有善便不再是美了，而善中没有美，也不再是什么善了。

（2）乐：对孔子来讲，乐跟礼一道被看作最重要的教育因素。社会的精神乃是由这个社会中所流行的音乐塑造的；个体的精神在这里找到了其生命秩序的动机。故而政府应当提倡某些音乐，同时也要禁止某些音乐："人们应当听有旋律的韶乐，禁止放荡的郑乐之声。"[57]

在《礼记》之中可以找到依据孔子的意思对乐的探讨："能够理解音乐的人，便能由此达到礼的秘密。"[58]"最高的音乐总是轻快的，最高的习俗总是单纯的；最高的音乐能消除怨恨，最高的习俗能消除争斗。"[59]"在我们能看到的领域受礼和乐支配着；在我们看不到的地方，受灵与神支配着。"[60]"乱乐使人们放荡不羁……奔放着的欲望力量被激起，安静和谐的精神力量被根除。"[61]"当人们听到颂歌的音调时，性情和

意志就会变得宽阔。"[62]如同礼一样,乐自身也不是绝对的:
"作为人而没有人间的爱,乐又于他何益呢?"[63]

(3)自然与陶冶:孔子对一切自然的东西都表示赞同。他给
万物以应有的秩序、程度、地位,而不是否定它们。因此他主张克
制自己,而不是做苦行者。通过陶冶本性会变善,而强施暴力只能
带来灾祸。甚至连憎恶和愤怒也有其得以存在的资格。仁者能够
做到以正确的方式爱与恨:"他憎恨在下位而诽谤上级的人,憎恨
鲁莽而不懂礼的人,憎恨执拗顽固的狂热者。"[64]

(4)与人交往:与人交往乃是孔子生活的要素。"君子不会怠
慢他的亲族的。"[65]不过在交往中,人们遇到的人有善有恶。因
此,他认为:"不要交不如自己的朋友。"[66]但是他反对这样的言
论:"结交值得交往的人,对那些不值得交往的人,则保持距离";而
更愿意:"君子尊重可敬的人,并且能容纳一切人"。[67]君子在与人
交往中要保持他的从容镇静:"君子可以被人欺骗,但是不可以被
人愚弄"[68];"君子成全人们的好事,小人成全人们的坏事"[69]。因
此一起生活的人之精神,会共同朝着某一个方面或其他方面发展:
"住的地方应当有仁爱,选择没有仁爱的地方居住,不是明智
之举。"[70]

人际关系依据以下几条基本的关系而变化。对不同年龄
阶段的人:"让老人得到安宁,对待朋友要诚实,要给年轻人以
亲切的爱。"[71]对待父母的正确态度:在活着的时候侍奉他
们;去世了,按照正确的礼仪埋葬他们,之后再祭奠他们。[72]

仅仅养活父母是不够的，"如果没有敬意的话，那跟动物又有什么区别呢？"[73]父母如果犯了错，儿女可以劝谏，只不过要带着敬意，并且必须要遵从父母的意愿。[74]儿子应当隐瞒父亲的过失。[75]对待朋友：你不应当有不如自己的朋友。诚实乃是交友的基础。[76]朋友之间应当"相互衷心地劝告，敏锐地正确引导"。[77]你与谁交往或不与谁交往，对此你是要负责任的。"如果一个人可以与之交谈，而你不与他交谈，你就失去了一个人；如果一个人不能与之交谈，而你却与他交谈，那你就失去了自己的话语。"[78]花言巧语，伪善的容貌，过分的恭顺，内心隐藏着怨恨但表面上是朋友，这一切都是狡诈的。朋友是值得信赖的："每年天气最寒冷的时候才晓得松树和柏树是常绿的。"[79]对待当权者："一位好的官吏用正确的道来对待君侯；如果这样行不通的话，便辞职不干了。"[80]好的官吏对待君侯，"不可以欺骗他，但却可以公开地反对他"。[81]"不会因谨慎的想法而退缩。"[82]"如果国家处于正确的道上，那就可以大胆地谈论，大胆地行事；如果不是处于正确的道上，那就大胆地采取行动，言辞要慎重。"[83]对于下属：君子不役使他的下属，从而不让他们有机会产生怨恨之情。君子从来不求全责备（而小人则是要求十全十美的人），他考虑到部下的能力，如果没有严重过失的话，他是不会抛弃老臣故人的。[84]不过他也清楚地知道对待小人的难处："如果亲近他们，他们会变得粗野无理；如果疏远他们，他们又会不满意。"[85]

孔子对于女人的冷漠态度，着实令人惊讶。在夫妇关系方面，他沉默了，提到女人，他用轻蔑的口气予以评价。他听说一对相恋的人双双自尽的消息后,则表现出了轻蔑的态度。他还爱讲,没有什么比女人更难办的了。[86]孔子所处的环境,显然是以男性为中心的。

(5) 政府：政治统治乃同其他一切都有关系,并且这一切均是以此为准则而行事的。孔子在其中考虑到一种两极性：有些事要去做,有些事则必须顺其自然。好的政府只会在这种状态下产生：凭借礼、合乎礼的音乐以及人们交往的方式来铸造出健康的共同生活。这一状况正在逐步形成。但如果不能强制予以实现,也可以促进或阻碍其实现。

法律乃是政府的一种工具。但法律只在有限的范围内产生效果,并且就其本质而言是邪恶的。更好的方式是树立典范。因为如果导之以法,人们只是免于罪过,却没有廉耻之心。与此相反,如果导之以典范,人们不仅有廉耻感,也会自我改正。[87]一旦诉诸法律,说明其中有些事情已经不正常了,"在听取诉讼方面,我比别人也好不到哪里去。不过我认为最重要的是不让诉讼的事发生。"[88]

正确的统治必须考虑到三个目标：充裕的食粮,足够的防卫兵力,以及在统治中对民众的信赖。在这三者之中如果必须牺牲什么的话,那政府首先应当选择除去防卫兵力,其次是食粮("自古以来人都有一死")[89],政府绝不可失信于民众："如果没有民众的信任,也就不可能有政府的存在。"[90]此乃事物本质的重要顺序。但在制定计划的情况下,政府不能以民众对它的信任作为其出发点。这是不可强求的，而是自发生成的。计划的首要目的乃是"使他们富裕起来"；其次是"教育他们"。[91]

好的政治要求好的君主。这样的君主能够使得富裕的源泉自然地流出。他非常慎重地选择民众所应从事的工作，这样他们便没有怨言了。他崇高，但不傲慢，换句话来讲，他从来不以轻蔑的态度对待他的子民，不管所面对的是多数或少数，身份高的或身份低的，都一视同仁。人们敬畏他，但不感到丝毫的惧怕。[92]这样的君主就如同北极星一样静静地在那里，而让其他所有的星星在它的周围有秩序地运动。[93]因为君主自身想要得到善，民众自然也趋于善。"上边的人如果喜爱善的礼仪，那民众是很容易治理的。"[94]"如果他自己行得正，那他根本不需要下命令，一切都会正常运转的。"[95]

一位好的君主知道怎样来选择正直的官吏。他自己是有威严的，当然也奖掖那些有威严的官吏。"人们必须举起直的来压弯的，这样弯的也就变成了直的。"[96]"最重要的是要有合适的官吏，其次要赦免他们所犯的一些小错。"[97]不过"君子是不愿意跟一位献身于并不美好的事业的君主为伍的"。[98]

知道善并渴望善的君主是不可能跟一些恶人来共同治理国家的："这些庸俗小人，他们是没有办法辅佐君主的。"[99]他的担心在于，他们如何成就一些事情，并且如果达到了目标，那他们就不再会失去这一切了。没有什么比对此无能为力这件事更糟糕的了。因此孔子在要被任命之时，一位忠告者对其君主说："如果你想任命他，那就不应当听信小人的谗言。"[100]

　　孔子为政的至理名言真乃数不胜数,并且这些名言几乎毫无例外地都是就普遍伦理道德而言的,比如:"如果急于成事的话,往往成功不了。人们不可以只注意小利,不然就成就不了大事。"[101]

　　孔子一直在期待着一位明君来发现他,由他来辅佐,在君主的赞同和理解下来治理国家。这位伟大的政治家,向我们展示的乃是恢复和加强伦理与政治的整体局面。

　　在这一整体局面向好的方向转变的意义上,孔子提出了干预历史现实的两项原则。其一,有能力的人必须在他相应的位置上。"如果一个人拥有王位却不具备必要的精神力量,那他便不足以成就文化的革新。同样的,如果他只有精神的力量而不具备最高的权威,那他也不足以完成文化的革新。"[102]其二,公共的政治环境必须使得革新行为成为可能。如果由于在这一时代生活的人之不幸,使得理性的有效行为没有机会得到实现,那么真正的政治家便会隐遁起来。他在等待时机,他不愿同罪恶合污,也不愿同卑贱之人交往。在这两条原则中隐藏着跟柏拉图思想相类似的地方:如果不是哲学家做国王或国王做哲学家,人类的状况并不能得到改善。孔子一生都在寻求可以让他奉献其精神力量的君主,不过他并没有如愿以偿。

　　(6)君子:在孔子看来,一切的善、真、美都蕴涵在君子这一理想人格之中。在这一理想之中融进了高贵的人格思想,以及他们所处的高高在上的社会阶层,融进了高贵的出身与天性,并且融进了绅士的举止以及贤者的心境。

君子并非圣人。圣人是天生的，是改变不了的，而君子则是通过自我教育而成就的。"拥有真理乃是天之道，寻求真理乃是人之道。真诚者无需多费精力，也无需反复思考便能获得。"[103]追寻真理者选择了善，并且锲而不舍；他在探索，批判地质疑，慎重地思考，之后毅然地去做。"其他人也许一次就会做了，可我一定要做它十次；别人也许要第十次才能完成，我定要做它一千次。真正拥有这一矢志不渝精神并坚持走这条道路的人：也许是愚蠢的，但一定会变得聪明；也许是弱的，但一定会变得很强。"[104]

君子的品格表现在他的个性特征、思维方式以及言谈举止之中：

> 君子跟小人刚好相反。君子熟知正义，小人则精于牟利。[105]君子安静、沉着，小人常常感到极为不安。[106]君子很容易接近，但不会跟其他人结党营私，小人爱跟世间所有的人要好，但不容易接近。[107]君子不傲慢，但很有威严，小人很傲慢，但没有威严。[108]君子可以一直处在穷困的状况之中，小人处在穷困之中便会无法控制，他们会无所不为。[109]君子内求诸己，而小人外求于人。[110]君子上达，小人下达。[111]

> 君子是独立的。他能长久地居于不幸或幸运之中，而远离忧惧。[112]君子只会对自己的无能，而不是因为别人没有认识到他的能力感到悲伤。[113]

> 君子的所作所为合自己的意，而不去求之于他人；[114]他远离怨恨。向上不怨天，向下不责备人。[115]

君子无所争。如果必须跟别人竞争的话，那只有比试射箭。不过在竞争之中表现出来的同样是君子的性格。[116]

君子喜爱出言慎重，但做起事来却很迅速。[117]他害怕言过其实。对君子来讲，要先做事，然后再说有关的话。[118]

君子敬畏天命，敬畏伟大的人物。[119]

君子不沉迷于一些遥远的、恍惚不定的事情。他处于此时此地的真实状况之中。"君子之道如同长途旅行一般，必须从近处开始。"[120]"君子之道的起端在于普通男女的事情上，但是由此而往远处发展，可以贯穿于天和地。"[121]

"君子依据自己的地位来决定自己的行为……如果看到自己居于富裕和名誉之中……看到自己居于贫穷与卑贱之中……自己居于蛮夷之中……君子都会清楚地找到自我的存在。"[122]不论在什么情况下，也不论何时，君子就是君子自己。"如果国家是在正道上，那他就跟未取得成就前一样……如果国家不在正道上，君子也不会变节，即使他必须死。"[123]

4. 根本知识

在到目前为止的描述中，我们列举了孔子以格言的形式所表达的作为伦理政治来宣讲的道德规范。这些智慧贯穿于一些基本的观念之中，而这些观念则形成了一个概念特征。

（1）重大抉择。孔子意识到了自己所面临的重大抉择：是从世间退隐到孤独之中去，还是同世人一道生活，从而去塑造这一世界？孔子的决断是明确的："田间的鸟兽是不可以同住的，如果不同人在一起,那我应当同谁在一起呢?"[124]他的格言是:"如果谁要是只想着洁身自好,就会使人世间重大的伦理关系大乱。"[125]在乱世之中,似乎除隐居生活以求自我解脱之外,别无他法。在谈到两位隐遁者的时候,孔子讲道:"在他们的个人变化中,他们保持洁身自好,而在他们隐退时,则随遇而安。我却跟他们不一样,对我来说在任何情况下没有什么是可能或不可能的。"[126]面对其他隐居者孔子是宽容的,这只能更加坚定他自己的抉择:"如若世间一切都正常,那我根本没有必要去改变它。"[127]

在面对人及其所处的世界之时,孔子发展出了一些可以作为他基本知识的思想。这些思想所涉及的首先是人的本性;其次是社会秩序的必要性;再其次是我们思维的基本方式,真理的根源与分支问题,根源的无制约性以及表象的相对性问题;最后乃是统摄万物并且同万物都有关联的一以贯之的太一。无论在什么样的场合,孔子在本质上所关心的都是人类及其社会。

(2) 人的本性。人的本性乃是仁。仁是人性与道德的统一体。汉字的仁所表示的是"人"和"二",也就是说,人之存在的意义在于交往。有关人的本性问题的解说,孔子首先做的乃是对本质的澄明,人是什么样子,他应当是什么样子。其次阐述的是人类现实存在的多样性。

第一,人应当成为人。因为人与禽兽不同,禽兽生来便如此,并且完全由本能支配其现实存在而没有任何思维意识。对于人自身来说,仁仍然是他的一项使命。因此在与禽兽的共同生活中,人是找不到生活的意义的。禽兽走到一起,没有任何的想法便相互结合,或者分开。而人则是在塑造他们的共同存在,超越一切本能而结合,人应当是这样的。

人之存在乃是由所有特定的善来制约的。只有具有仁的品德的人,才能真正地去爱、去恨。[128]仁乃是包罗万象者,它不是诸道德中之一员,而是一切道德之灵魂。

仁乃是人世间最为本质的东西,故而离我们总是很近。有谁想要真正关心仁的问题的话,那仁对他来讲总是存在于当前。

因此对于仁,是透过所有特殊的现象予以揭示的:在孝之中,在智慧与学习之中,在正义之中。对一位君主来讲,他应当具备五种人性的品德:尊严,他不可以被人轻视;宽容大度,这样才能赢得大众;诚实,使他能得到信赖;热心,这样便能获得成功;慈悲,如是他才能役使其他的人。[129]孔子并不认为仁是由道德衍生而来的,仁本身便是含摄一切的根源。正是由此作为出发点,所有的有用性、规则性、正当性,才能成为真理。也正是由此而产生了没有任何目的约束的无制约者:"有道德者将困难作为前提,将酬劳放在后面。"[130]

依照仁行事并非遵循某一特定的法则,而是首先肯定所有特定法则的价值,同时剥夺其绝对性,以此行事而已。尽管仁是不可定义的,但它的特征还是在孔子的言语中被描述了出来:在被他称作适度和中庸的概念之中,仁得到显现。"中庸乃是人类本性的极点。"[131]它们的运作乃是由内而外:"希望和愤怒、悲哀和喜悦尚未萌发的状态,这便是中庸。它们表达自己,但在一切事物中找到正确节奏的状态称为和谐。"[132]

因为在这一状态之中,最为内在的被表现出来了,在这里所有一切在根源中即被确定了,故而在涉及中庸时便要求至高的道德良心观念:"没有什么比秘密更外露的了,没有什么比隐蔽更清楚的了;因此君子在独处的时候是非常谨慎的。"[133]

通过介于两极端之中道思想,孔子简明扼要地说明了这一神秘之中庸。譬如舜"抓住事物的两端,以相应的中庸方式对待人们"。[134]另外一个例子是:"在教化方面要宽容、和善,不图报复那些行为丑陋之人,这是南方之强。在畜厩中、在皮革上睡觉乃至死在那儿,这并不是必需的,这是北方之强。不过君子是立于这两者之中的,他不偏向任何一方。"[135]

孔子是这样表达适度与中庸的非凡之处的:"它可以使一个国家走上正轨,可以使一个人辞去自己的官位和显职,可以使人赴刀山——但还没有人能把握适度与中庸。"[136]

第二,人是什么,这显现在人之存在的多样性之中。透过其本质——仁,我们可以看到人在很多方面是相近的。但是在"习惯"上[137],作为单独的个体在个性、年龄、天资的各个阶段以及知识方面,却是因人而异的。

年龄阶段:"年轻的时候,生命力尚未固定,这个时候要警戒女色;成年的时候,生命力旺盛,要警戒争强好斗的欲望;等到年老了,生命力已经消失殆尽了,这时要警戒吝啬。"[138]青年人是让人害怕的。"一个人到了四五十岁还没有什么声望的话,那他也不值得让人惧怕了。"[139]"如果到了四十岁的时候还被人厌恶的话,那他的一生也就是这么回事了。"[140]

人的类型:孔子将人的类型分为四个层次。最高层次乃是圣人,他们是生而知之。孔子自己并未见过圣人,但他不怀疑在古代有过圣人的存在。第二层次是必须通过学习才能获得知识者,他们能够成为"君子"。第三层次的人是很难进行学习的,不过他们并不气馁。第四层次的人既难以学习,也不努力去学。这中间两个层次的人在途中会不断进步,当然也可能会出问题。"只有最上等的智者以及最低下的愚者是改变不了的。"[141]

孔子也很注意观察人的本性特征。比如说,"考察一个人所犯的过错就可以知道他是什么样的人了"[142]。"智慧的人喜爱水,因为聪明的人是动的;虔诚的人(守礼的人)乐于山,因为虔诚的人沉静。"[143]

(3)根源的无制约性以及现象的相对性:真理和现实是同一的,纯粹的观念等同于无。人得到拯救的根源在于"影响现实的认识"[144],换句话来说,在于一种观念的真理,它可以转化成一种内在的、变化的行动。内在的真理是以外在的形式表现出来的。

思维方式与存在方式在基本关系之中变化着:"事物有其本末。"[145]根源的无制约性进入现象的相对性之中。因此这一切取决于根源性之中诚实的真面目,并涉及现象之自由度。

"使思想成为现实,并不是自我欺骗。"[146]君子总是关注他只为自己做的事。"这就好像是十只眼睛在盯着你,这是多么严肃、多么可怕的事呀!"[147]内在的尊严是通过在自我尊重而成就的自我中修养而来的。"如果一个人在内心省察过,没有做过什么恶事,那他有什么可以忧愁和恐惧的呢?"[148]不过孔子也注意到了,要做到这一点是多么难，或者说根本做不到。

如果根源为善，也就是说它就是认识、是现实，那么思想就会变得真实，从而意识也就是正确的了，仁就会形成。往后的顺序是，齐家、治国，使天下得到太平。[149] 从天子到黎民百姓，皆以教育为其根本。[150] 如果一个人不能教导自家人的话，自然也不可能教导其他人了。[151] 如果"在一个庄重的人家里充满仁的话，那整个国家也就会充满仁的"。[152]

有关各类现象：因为标准和冲动来自于根源或起源，来自于无法最终表达的深度和广度，所以由此计算出的究竟应当如何去做的规则永远不会是充分的。真理与现实不可能存在于一种定式或一种最终确定下来的独断的陈述之中。因此固定化是行不通的。孔子"没有私见，偏见，不固执"。[153] "君子对于天下的事，既没有规定要怎样干，也没有规定不要怎么干。怎样干恰当，便怎样干。"[154] 君子"合群但不结党搞宗派"。[155] 君子保持着开放的心态，因为"对他所不懂的，采取保留的态度"。[156] 君子是柔和的。因为他"个性坚定，但绝非顽固"[157]，"他很容易接近，但不会附和大众"[158]，"他很自信，但不刚愎自用"。[159] 绝对的事物出现在相对之中，一切可计算的事物都被还原为相对的东西，但这并不是要随意消灭它们，而是通过一个更高者来引导它们。

（4）秩序的必要性：秩序是必要的，因为只有在人类社会中，人的本质才能得以实现。秩序基于第一重要的原则，"这一原则可以作为终身奉行的指南"，"自己不想要的东西，就不要再强加给别人"。[160] 平等（恕）的意识表现在遵循这一原则的行事之中。"如果你厌恶你的上司，不要把这种情绪表现在你的下属面前。

如果你厌恶你右边的邻居,不要向你左边的邻居表示出这种厌恶之情。"[161]

对应这些消极的格言,我们在孔子的弟子中也可以看到一些积极的说法:"爱别人的人自己要站得住,同时也要使别人站得住。因为他自己想取得成功,故而也帮助别人取得成功。"[162]

针对老子所教导的以德报怨,孔子如是回答:"拿什么来酬答恩惠呢?拿正义来回答仇恨,拿恩惠来酬答恩惠。"[163]

秩序的第二个重要原则是:由于人之间的差别如此之大,因此只有通过权力的分级,才有可能很好地进行统治。权力愈高者,在他的位置上,愈要做出典范,要善解民意,慈悲为怀。他必须"先于民而行,并激励他们,而自己永不懈怠"。[164]

学会自我克制,有目的地去做善事,并且明白自己在做什么,具备这些能力的人总是少数。与此相反,"对一般老百姓可以让他们服从,却不可以让他们来理解那是为什么"。[165]典范人物跟一般老百姓之间的基本关系是这样的:"君主的本质就如同风一般,大众的本质就像是草一样。风向哪边吹,草向哪边倒。"[166]只有通过权威,才能建立起秩序来。

官职与人的价值应当是相符的。因此有必要不颠倒社会秩序。"不在这个官职的位子上,便不去考虑政府的政策。"[167]"颂扬善行者,冷落坏人,对愚笨者应予以教诲"[168],这是必要的。

因此有能力执政的人,在内心深处是不受公众的意见左右的。"大家都厌恶他,一定要去考察一下;大家都喜爱他,也一定要去考察一下。"[169]在回答"同乡都喜欢他,这个人怎么样"时,孔子说:"这等于什么都没说。"在回答"同乡都厌恶他,这个人怎么样"时,孔子同样说："这还是等于什么都没说。最好是同乡中的好人都喜欢他，同乡中的坏人都厌恶他。"[170]

秩序的第三个重要原则是：在已经展开的状态之中，直接的干预将不再起决定性的作用，这种干预来得太迟了。当然，人们可以使用暴力、法律以及刑罚，但这同时又是有害的，因为受暴政者会逃避，而伪善就会变成很普遍的事了。只有使用间接的方法才能有显著的效果。萌芽状态时，还可以引导或强制向别的方向发展。正是在这一点上，决定性的影响才是可能的。催生其他一切的人类起源，必定会因此繁荣昌盛。

（5）正名。当被问到要想重整混乱的时局，首先应当做什么时，孔子的回答真的令人惊讶不已：正名。名应当副其实。君主就是君主，父亲就是父亲，人就是人。[171]但是，由于语言经常被滥用，造成名不副实的情形，存在与语言相分离。"拥有内在存在的人，也拥有名称；拥有名称的人，并不一定拥有内在的存在。"[172]

语言如果陷于混乱，那所有一切会变得无可救药。"如果用词（名称、概念）不正确，那你的判断便不明确，事业就不会成功，刑法也就不得当，老百姓就会连手脚也不知道摆在哪里才好。"[173]

"所以君子选择语言，他可以毫不怀疑地加以运用，把语言毫不怀疑地转化为行动，以此形成他的判断。君子的言语之中不能容忍哪怕是一点点不精确的东西。"[174]

（6）贯穿万物的太一。在谈到各种各样的事物、诸多道德，以及哪些应当学，哪些应当做时，孔子说："你以为我学习了很多，并且都知道这些吗？不对，我只是用太一来贯穿这一切罢了。"[175]这些并非各种各样的事物，而是一个东西。这个东西是什么呢？对此孔子并没有一个始终不变的答案。他把目光转向了一切事物所依赖的这个太一上来，不过他在答疑时，向我们阐述了我们已经知道的一些概念。"我的整个学说贯穿着一个基本概念"[176]：中（中庸）——必要时或许也可以解释为另一个词：恕（平等、相互性、慈爱）。[177]有时他对学说进行总结："不懂得天命的人，是没有可能成为君子的；不懂得礼的人，是没有可能立足于社会的；不懂得去理解人家言语的人，是不可能认识人的。"[178]或者作为总结，礼乃是人间的爱，智慧乃是对人的认识。但是从这所有的一切中，还是没有找到这个太一。

孔子无疑是一位伟大的人物，但他没有为了自己要出名而特别做些什么，在回答一项对他的责难时，孔子以嘲讽的口气谈到了这个太一。孔子回答道："我能以什么为职业呢？赶马车，还是做射箭手呢？我赶马车好了。"[179]

在孔子那里，如果我们从历史背景或最终的权威来看的话，就会感觉到这个太一，孔子提出了一个类似于老子无为的观念，这一最终权威曾经出现在过去的圣王那里（同时孔子也说，这类圣王在今日已不复存在了）："自己无为从容而使天下有道的人大概只有舜吧。因为真实情况是这样：他做了什么呢？他只是敬畏地守在那里，庄严地面朝南端坐着而已。"[180]往后，在孔子对临界的体认中也可以感受到这个太一。

5. 孔子的临界意识

到目前为止我们似乎已经将孔子的哲学描述成了一套自我完

整的知识，并且其中有一种基调，认为这一知识可能也会使一切恢复正常。对孔子所做的这种理解是不切合他的哲学实际的。

（1）完整的知识并不存在。孔子从来没有认为自己有一套完整的知识，或者说他不认为这种知识的存在是可能的。"人们知道的可以算作是知识，人们不知道的可以算作是无知：这便是知识。"[181]

（2）世间的灾祸就在眼前。灾祸的根源在于人类自身的问题。孔子为此抱怨道："不去培养好的品德，所学的东西并没有什么作用，知道自己的义务却不能靠近，自己有缺点又不能改正：就是这些事让我感到痛心啊！"[182]有时孔子认为，他再也见不到一个真正的人了。"算了吧！我还没有见到过能够看到自己的错误便自我责备的人哩。"[183]对人性爱，对非人性憎恶，以此为信念的人，是没有什么地方可以找得到的。"我还没有见到过这样的人，喜爱道德价值就像喜爱女人的美貌一般。"[184]他四处寻找有能力为人君的人，但他没有找到。他没有见到圣人，次而求之，能见到君子也好，君子也没有，甚至连一位持之以恒者也未见到。[185]

不过孔子绝不愿把这一世界看成是邪恶的，认为只不过是这一时代堕落了而已，这在以前也发生过。故而"真理在今日是行不通了，这我比谁都清楚"。[186]

（3）终极事物从来没有成为探讨的主题。在谈到临界这一话题时他总是小心翼翼。这位大师很少谈到幸福、命运、纯粹之品德。在不可避免地谈及死、自然以及世界秩序的时候，他的回答总是使这些问题保持着开放。并不是他喜欢故弄玄虚（"我对你们是没有什么隐瞒的"[187]），而是因为这些事情的本性使然。对于终极问题的探索不仅仅基于错误的动机,这也正是思想家所不愿面对的(好奇心,想要越过目前的必然性,回避生命的自身之路)。重要的是完全没有可能客观地谈论这些终极问题,它们永远不会以适当的方式成为一种对象。因此当被问到有关形而上学的问题时,孔子拒绝任何形式的言语与命题,以及任何的直接陈述。人们会将他这种立场称作不可知论,但孔子对不可知事物并非冷淡和无所谓,而是怀有一种令人震惊的态度,他不愿将触动自己内心的经验转化为虚伪的知识,不愿让真实的意义丧失于言语之中。我们不得不承认,孔子从来没有过探寻无限的事物以及不可知事物的冲动,因为这两个问题足以让伟大的形而上学家耗尽毕生的精力,不过在孔子对礼俗虔诚的执行之中,以及在窘迫情况下所回答的问题之中——虽然并没有很清楚地表达出来,但却为人生指明了方向,我们还是可以感觉得到他对人生终极状况的关怀的。

　　孔子对传统的宗教观念非常感兴趣。他并不怀疑鬼神、预兆之存在。崇拜祖先的仪式以及祭祀活动对他来讲具有本质的现实意义。不过他处理这些的方式明显地具有反对迷信的倾向,并与迷信保持一种奇怪的距离。"老师不谈论有关魔力以及反自然的鬼神之事。"[188]"舍去自己的祖先而去祭祀其他的鬼神,这是献媚。"[189]在被问到侍鬼一事的时候,孔子答道:"如果还没能去服侍人,那又怎么能去服侍鬼神呢?"[190]在问到有关智慧的问题时,他回答说:"他的义务是为人民奉献一生,敬奉鬼神,并跟它们保持着距离,这样做可以算是智慧的了。"[191]孔子的话让人感觉到模棱两可,究竟他是要敬鬼神而远之呢，还是要尽可能地无视它们的存在呢？但是孔子对祭祀礼仪的认真态度是不容置疑的：祭祀的意义极为重大，不过孔子不知道这意义是什么。"知道重大祭祀（对朝代祖先的祭祀）意义的人，治理天下对于他来讲就如同看到这里一般容易。"他指着自己的手掌作比喻。[192] 对于他来讲最为重要的乃是内心的参与。"在心灵骚乱的时候，那就得按照仪轨来祭祀。因此只有这种形式，才可以详尽地阐明祭祀的含义。"[193] 孔子继续说道："即使他仅有粗米为饭、黄瓜为菜，也应该恭恭敬敬地把菜祭供一供。"[194]

在谈到天的时候孔子道："只有天是高大的。"[195] "四季在运行，万物皆在生成。可是天因此又说了什么话吗？"[196] 财富和声望系于天。[197] 天可以毁灭一切。这个天是非人格化的天。他只有一次把天称作上帝（主），其他时候都叫作天。所谓非人格化的天是指由他所降的命运、命或天命。"这便是天命。"这是孔子惯用的一句话。当他的弟子病重的时候，他说："他要逝去了，这是命呀。这样的人竟会生这样的病。"[198] "真理应当被传播，抑或应当被毁灭，这是命啊！"[199]

孔子很少谈到祈祷。在一次他提到祈祷时说："如果谁得罪天，那他还可以向谁去祈祷呢？"[200] 另外一次，孔子在拒绝弟子因为他病重而要向天地鬼神祈祷的时候说："我在很久以前就祈祷过。"（卫礼贤将这一句话翻译成："我很久就在祈祷了。"[201]）因为孔子远离哀求式的以及咒术式的祈祷。因为他的整个一生，正如他所说的（如果卫礼贤的翻译是恰当的话），就已经是一种祈祷了。正是在孔子的这个意义上，9世纪时

日本的一位儒家学者写道："只要内心在追寻着真理的道路，
那你就无需祈祷，因为神明还是会保佑你的。"（哈斯）[202]

"死和生都是命呀"[203]，"自古以来谁都避免不了死亡"[204]，这
些话显示出了孔子坦然面对死亡的态度。面对死亡并不需要震
惊，它不处于任何本质意义的范畴之中。他确实对夭折感叹过：
"有些发了芽却没有开花，有些开了花却未能结实，唉，是有这样的
事呀。"[205]不过，"晚上死去，也不是什么糟糕的事情"[206]。在孔子
病重的时候，当他的弟子在考虑为他准备像大臣一样的厚葬时，他
反对道："我们是想欺哄上天吗？ 即便我得不到王侯一般的葬礼，
我也不会死在路上的。"[207]死是没有什么可怕的："鸟要死的时候，
它的鸣声是悲哀的；人要死的时候，他说出的话是善意的。"[208]探
究死后的问题是没有意义的："如果人还没有认识生命的话，那应
当怎么去认识死亡呢？"[209]

在回答弟子有关死者是否知道为他们所做的祭奠时，他回答
说，这一知识和他们所讨论的无关。这一答案是他以纯粹的实用
态度得来的，并认为没有哪个答案是最好的："如果我说是的话，我
担心那些孝子会倾其所有去祭拜死者；如果我说否的话，我又怕那
些不肖子孙会疏忽自己对死者的责任。"[210]

6. 有关孔子的人格

孔子对自己的看法以及弟子们对老师的期待，流传下多种
文本。

孔子充分意识到他自己的使命。在遭遇生命危险的时候，他说道："因为在文王死了之后，文化都在我这里了。如果上天要消灭这种文化的话，那么一位后生者怎么可能继承它呢？天若是不要消灭这种文化，那么匡人又能损害我什么呢？"[211]在梦里孔子又回到了周文王——他自己的典范——的时代。[212]他在徒劳地等待着自己受命的征兆："凤鸟不飞来，在河里也没有任何的征兆，我这一生是完了。"[213]麒麟（最崇高事物的征兆）出现了，可是却被狩猎者射杀了，孔子哭了。[214]

虽然孔子充分意识到了自己的使命，但他还是很谦虚的。他认为自己在教育方面是能跟任何人相比的，但他仍然未达到能将知识转化为行为的君子阶段。[215]"我可以说自己在努力学习的时候从不知足，在教导别人的时候从不知疲劳。"[216]

弟子们也一再批评他。他为自己造访南子辩解道："我所做错了的事情，乃是上天强迫我去做的。"[217]他为自己不履行誓言而辩解，因为他是在受威吓之下立的盟誓。[218]

当一位弟子以不满的笔调来描写孔子的颓丧情绪时，孔子回答说："那就跟丧家之狗相类似，对的，对的。"[219]另一位弟子道："你是如此真诚庄重，耽于沉思。你是如此开朗，满怀着崇高的期望，并且拥有宽阔的胸怀。"[220]有一位大夫问孔子的弟子孔子是什么样的人，孔子知道后说："你为什么不回答说他是这样一个人，他在学习真理的时候从来不知道疲倦；他在教育别人的时候，从不感到厌倦；他是如此的热心，以至常常忘记了吃饭；他是那样地快活，没有注意到衰老渐渐到来了。"[221]

孔子看到过自己的失败。有一次危在旦夕之际他问他的弟子们:"是我在人生中做错了什么吗?为什么我们会陷入这种灾难之中呢?"[222]第一位弟子[223]认为,他还没有达到真正的善(仁),所以老百姓不信任他;他没有达到真正的智慧,所以人们并不按照他说的去做。孔子反驳说,以往的圣贤也曾遭遇过悲惨的结局。[224]善并不一定会产生信心,而智慧也不一定会使人们服从,这是很明显的道理。第二位弟子[225]认为,夫子的学说太伟大了,以至世间没有谁能够坚持信守,因此这一学说必须得降低一点层次才行。对此孔子反对道:一位好农夫能够播种,但却不能保证来年的丰收。君子能够创立他的学说,但却不能够保证一定会为人们所接受。朝着自己的学说会被别人接受的方向努力,并不表明其学说的意义更为深远。第三位弟子[226]指出:"你的学说太伟大了,以至世人没有办法领会它。尽管如此,只要继续遵循着这一学说行事即可。不为一般人所理解,又怎么样呢?虽为一般的人所不了解,但君子却早已会其意了。"孔子闻此言,会意地笑了。[227]

孔子知道,世上并不总是贤明者当道。在暴君纣辛(殷纣王,名辛)的时代,有三位德高之人,一位被杀了头,另外一位去过隐遁生活了,第三位在宫廷上就像小丑一样任人摆布。[228]

孔子并不是一直都甘愿接受自己的失败,而是周密地考察、解释失败的原因。他对此的态度也不是一成不变的。

他感叹道："君子到离开这个世界的时候，他的名字不被人称颂，会引以为恨！我的道路是行不通的，那我用什么方法可以留名于后世呢？"[229]

他在抱怨"唉，没有人了解我呀"的时候，找到了安慰："我不怨恨上天，也不责备人。我探究地上的知识，与上天结合在一起。知道我的，只有天吧。"[230]

孔子是个知足的人："学习之后总是去练习它，不是一件很令人满足的事吗？有志同道合的人从远方来，不也是让人快活的吗？如果别人不了解我，我不怨恨，这不也是君子的性格吗？"[231]"如果别人不了解我，我不会感到忧伤；只有在我不了解别人的时候，才会感到不安。"[232]

一位狂人对他大声呼喊："算了吧，算了吧，你那无济于事的努力，现在想服务于国家的人，正陷于危乎其危的境地。"[233]老子曾对他说："聪明和深察的人，他们离死很近了，因为他们喜欢议论别人。"[234]但孔子坚持着他自己的使命，要在世间建立一种人道的秩序。成功与否对他来讲并不重要。人性意味着对社会群体的状况共同负起责任。"有人性的人不会以贪生怕死为代价而损害人性，有些更愿意牺牲自己的生命来成全人性。"[235]

他的基本态度是：时刻准备着，"如果他们要用一个人，那这人就应当去效劳；如果他们不想了解他，他就应当隐藏起来"[236]。

不过起决定作用的是："对于人来讲，唯一可以作其主宰的是他自己的心灵。幸运或者不幸没有办法作为评判一个人

价值的标准。"[237] 外在的不幸并不一定都是罪恶，也可能是
"一种试练"（荀子）。绝望不可能极端化，即使是在极端的情
况下，也要保持希望。"在很多场合都可以看到，人们从绝望
的状况，升华至最高的使命。"[238]

现代对孔子的评价真是让人惊讶不已。作为理性主义者，
他很少为人们所关注。"不论是从人格上，还是从著作中，都看
不出一个真正伟人的特征，他是一位正直的道德家。"福兰阁如
是认为："他认为依据他的道德说教，能使混乱的秩序重新得到
整顿，不过正如事实所证明的那样，唯有狂烈风暴才能够成就
权力。"

实际上，孔子在他认为最有希望的时刻也没有以应有的方式
发挥其影响。他的生前跟死后都表明其行为的意义是失败的，因
为他的著作只是经过变样之后才具有影响力的。因此对我们来
讲，一个重要的课题是如何去挖掘隐藏在变化了的学说背后、尚未
完全遗失的学说的原貌，并将之作为一种标准来保持。依据现有
的一些言论，这些是我们以内容的丰富程度以及是否为孔子所特
有为尺度而加以选择的，我们希望能够获得一幅孔子的真实图像。
如果我们过分强调那些很可能是出于后世的僵化的、乏味的陈述，
那必然会失去这幅真实描述的画像。如果我们能够依据实质性的
选择，整理出孔子的言论与有关他的记述，就能把握住孔子思想真
实的核心，从而获得一幅不可替代的真实的孔子画像。如若不然，
这样一幅画像是不可能存在的。

孔子没有只为他自己打算，考虑他个人是否应当逃避这世间。

他也没有设计任何形式的经济技术制度、立法以及形式上的国家制度，孔子所热烈追求的目标并非是可以直接达到的，而只能间接来促成，这是一切其他之物都依附于它的根本，亦即伦理政治状况中的整体精神，以及作为整体一部分的每一个个体的内在的状态。孔子没有宗教的原始体验，不知道启示，不相信生命的转世，不是一位神秘主义者。不过他也不是一位理性主义者，在他的思想中，引导他的是人间社会的统摄理念，只有在其中，人才能成为人。孔子热爱世间的美、秩序、真诚以及幸福，而这一切并不会因为失败或死亡而失去意义。

孔子把他的思想限制在现世的可能性之中，是由他客观冷静的性格所致。他慎重保守，并不是因为恐惧，而是出于对责任的意识。他尽可能地避开可疑与危险的事。他渴望获得经验，故而到处倾听，他对于古代知识的学习是从不知足的。在告诉别人如何做一个真正的人时，他提到的戒条远比让别人这样或那样去做的提示要少得多。他保持节制，并时刻修身以待，真正能打动他的并不是对权力的冲动，而是真正自主的意志。

孔子乐天知命、开放、自然。他拒绝对他个人的任何神化。他生活在市井之中，作为一个人，他也有弱点。

孔子又做了些什么呢？与老子不同，他参与世俗的事务，并受一种使命的思想所驱动，即认为应当去改善人类的状况。他创办了一所学校，以培养未来的政治家，并编辑印行古代典籍。更为重要的是，在中国，孔子使理性在其全范围与可能性之中首次闪烁出看得见的耀眼光芒，并且这些都表现在这位来自百姓的男子汉身上。

7. 孔子及其反对者

孔子批评别人,同样也遭到了别人的抨击。这种论战首先是由于竞争对手的微不足道和嫉妒而引发的表面斗争。其次是他与老子之间存在的本质上的两极性对立。

（1）诡辩家们。孔子所抨击的反对者,是那些认为这个世界已经腐败堕落,而又在其中巧妙地推波助澜的人物;那些诡辩家,赞同或反对某一事情都能找到足够的理由,他们混淆是非真假之标准。

> 孔子在做官的时候,曾经处决过一位危及国家安全的贵族。孔子的理由是:比盗窃及强盗行为更为可恶的,是思想上的不服从与欺骗相结合,狡诈与花言巧语相结合,对丑闻的记忆与到处去传播相结合,对不公正的认可与粉饰相结合。这个罪犯兼有这些恶行于一身。"他停留在哪里,哪里就会结党营私;他以自己伪善的观念引诱迷惑公众;他以自己顽固的抵抗,颠覆了公理,并独自取得了胜利。如果小人们聚集在一起成为乌合之众,那么这便是不幸的起因。"[239]
>
> 孔子也受到批评。有人认为他的学说实行起来花一辈子的精力也是不够的。仅仅是研究学说的形式,就需要几年的时间。并且这一学说从内容到形式对老百姓来讲都没有什么用处。有人认为孔子没有能力做好理智的统治以及实际的工作。有人认为由于葬礼的豪奢,国家会因此变得贫穷。像其

他读书人一样，孔子到处游历，给人做参谋，过着寄生虫般的生活。孔子为人傲慢自大，以引人注目的衣饰以及做作的态度来吸引大众对他的敬意。

(2) 老子。传说年轻的孔子访问年迈的老子（《庄子》，史陶斯（Strauß）及韦利（Waley）译本），老子曾给予孔子以教诲。

老子对孔子的计划、建议以及治学并不赞同。书籍是值得怀疑的，因为它们只不过是伟大的古人们所留下来的足迹。这些足迹是那些古代圣贤们用脚踏出来的，而今人只不过用嘴皮子谈谈。"你的学说所涉及的事情只不过是沙中的足迹罢了"[240]，"你所读到的只不过是早已被人遗忘了的那些人的糟粕而已。古人所值得传下来的有价值的东西，都随他们的死亡而沉入了墓穴之中；其余的残渣则留在了书本上"[241]。

与孔子相反，对老子来讲最为本质的乃是根本知识。老子批评孔子根本就不知道"道"为何物。孔子是通过对道德要求的绝对化而使得"道"堕落变质的。因为人间的爱（仁）和正义（义）对爱"道"者来讲只不过是一个结果而已，其自身却是空无。孔子主张对每一个人都要博爱无私，对此老子提出了辛辣的批评："他谈到每一个人，这真是愚不可及地夸大其词。下定决心一直保持公平无私，这实际上已经意味着一种不公平了。你最好观察一下，天和地是怎样保有自己固有的永恒之运行轨迹的，鸟是如何跟从自己的行列的，动物是如何不脱离自己的群落的，树木及灌木丛是如何维持自己的固有场所的。

然后,你就可以学到让自己放下依从内心力量而行的想法,去追寻自然运行的法则;如果是这样,那你不久就可以达到至高的境界,在此你已经没有必要再费力地叫卖什么人间的爱和正义了。"[242]"所有这些有关人类的爱以及正义的废话,一直使我不快。天鹅为了确保自己是洁白的,没有必要每天洗澡。"[243]

"道"只显现于"无为",除此之外的其他一切都只是表面的东西。如果眼睛里吹进了糠秕,那眼就看不到天了;如果有蚊子叮咬,那人在夜间就睡不安宁:人间的爱和正义就像上述两种情况一样烦扰着我。就这样它们使得气氛变得激烈起来,从而失去了道。[244]只讲没有建立在道之基础上的道德,这是违背人的本性的。不过如果世界以道为基础,亦即自然的纯真无垢尚未丧失,那么礼仪便会自然产生,而在行动中自然会有道德。

只有"当大道遭废弃的时候,亲切(仁)和正义(义)才会出现;当知识和机巧显现的时候,就会出现伪诈"。[245]只有在道的源流枯竭的时候,人们才临时抱佛脚以求人间的爱和正义,但这是徒劳的。这就好像是鱼一样:泉水干涸时,鱼便沉到了池底,只有在这种情况下,它们才相互照顾,互相吐水、弄湿,用口沫相互湿润。不过更好的情况是,它们在江河之中彼此相忘。[246]因此消除机巧与强制,消除对善恶的思考与知识,单纯地生活在道之中,这才是真正的道。"在古代,善于行道之人并不是以之启发民智,而是让他们处于无知状态之中。"[247]

老子被认为是孔子真正的唯一对手。不过这两位哲人间的传奇对话，也为后世道家与儒家间的论争留下了阴影。后代对立的两派都与其根源的思想大相径庭。后来的道家逃避世界，成为禁欲的苦修者、炼金术师、长生家、咒术师以及江湖骗子。而后来的儒家成了现世的人，他们整顿世间秩序，使自身适应世间的情况，接受有效的事物，照顾到自己的利益；他们是读书人以及官吏，成了枯燥无味、自私以及追求权力的监督者，也是现实存在的享受者。

从两位哲学大师对待事物的方式，以及他们两者的内在立场来看，我们可以说，虽然老子和孔子是对立的两极，但却是相辅相成的两极。把那种褊狭归咎于孔子是错误的，因为这是在后来的儒教中才成为现实的。有一种观点认为，老子的"道"超越了善恶的彼岸，而孔子却将"道"道德化了。更确切地可以这样讲：孔子通过有关善恶的知识在社会中从事建立俗世秩序的工作，而根本没有触及善恶彼岸之领域。因为在孔子看来，社会的秩序根本不是一个绝对的存在。对孔子来讲，统摄乃是背景，而不是主题，是令人敬畏的临界与基础，而不是直接的使命。在孔子学说中唯一的形而上学的要素乃是统治者代表着天，天通过其自然现象（丰收，或由于干旱或洪水而造成的大灾荒）来告知它是满意还是不满意。这一要素实际上是在儒教中才占支配地位的，在孔子那里只不过是形而上学深层次的一种表面现象而已，而这一深层次在孔子和老子那里乃是共同的。两者的差异在于，老子直接通向道，而孔子则是间接地通过建立人世间的秩序来实现道，因此，他们只不过是同一个基本的见解所产生的相反的实践结果而已。

老子置"道"于万物之前、之上，这也正是孔子的太一，所不同的是,老子深入于道之中,孔子对进入世间事物的太一感到了敬畏。在孔子那里我们会发现,他有时也会有想要远离俗世的倾向,在临界状态时他也有过像老子一样通过无为而治使世界重新恢复秩序的想法。虽然两位大师放眼于相反的方向,但他们实际上立足于同一基础之上。两者间的统一性在中国的伟大人物身上一再得到体现,这并不是通过系统地包容这两种思想于一体的哲学予以反映,而是存在于中国人那乐于思考又富于自我启发的生命智慧之中。

8. 影响史

孔子在他所处的时代只是众多哲学家之一,但绝不是最成功的一位。不过由他开始,儒家学派创立,并统治中国长达两千多年,一直到 1912 年其政治权力才终止。

儒家可以分为以下几个发展阶段。第一,在孔子殁后的几小世纪中,儒家迪过孟子(约前 372—前 289)和荀子(约前 310—前 230)而形成了理论的形态,这两位哲学家对学派的传统产生了很大的影响。儒家的思想变得更概念化、个性化以及系统化了。孔子的精神在《大学》和《中庸》中得到最完美、最明确的阐述。而《论语》中的文章,尽管较接近孔子,并且或许有部分言论果真出自孔子之口,但它们往往很简短、很零散,有各种可能性对其进行阐释。这些文章可谓是发生期(in statu nascendi)的思想,就如同苏格拉底之前的一些哲人的思想,尽管已经完成了,但其内容却有着无限展开的可能性。以系统的方式对这些语录进行加工,必然会随着概念的增加而使原本丰富的思想源泉变得贫乏起来。因此在孔子后代传人的著作中,他的思想变得更清晰,但同时已经受到更多的局限了。这一儒家学派乃是由文人所推动的、想要夺取统治国家权力的一场精神运动。针对儒家的这一运动,秦始皇帝(前221—前210)尝试着对它进行根除。他使儒家学派的书籍遭到焚毁,并想以此使其传统得以终结。但在这一暴君死后,其统治也在一场恐怖的内战之中被推翻。不过儒家的事业却继续着:古老的封建国家自此变成了官僚国家。第二,现在发生了令人惊叹不已的事:由那位专制君主建立的官僚制国家,在汉王朝(前206—公元220)统治下,同儒家结成了同盟,被排斥的儒家继而得以重新恢复。国家权力借助于儒家的精神赢得了权威,这一全新的国家权力之构成,其产生的动机和情形,对孔子本人来讲有些异陌生的。因为孔子对封建国家以外的情形一无所知。当时,儒家以其事实上的统治权力赢得了新的思维形态。读书人成了官僚体制中的官员。他们发展出一套正统派理论,几近盲目迷信,同时也是为了自己阶级的利益。儒家学说成为训练官员的工具。学派的体系成为国家设置的教育体系,其目的是传授对国家制度进行整治与神圣化的学说。第三,儒家在宋代(960—1276)在诸多方面都有所发展,特别是在形而上学与自然科学方面成就尤著。同时,正统派确立了孟子的学说为其基础。在清王朝时代(1644—1912)

这一排他的正统派思想得到了巩固,进而形成了终极的固定模式。这一思想上的僵化便形成了西方对中国的看法。欧洲首先接受了中国自己的学说,认为这个国家自古以来便是如此,这一情况一直到汉学家们对中国的真实历史进行大曝光之后,才得到改变。

就如同基督教和佛教一样,儒家思想在漫长的历史发展中也经历了自身的变化。在中国,儒家思想在长期的承袭过程中,已经同孔子自身的根本思想大相径庭了。这是一场战斗,在精神方面为着正确的学说而战,在政治方面则为着读书人阶层的独立观点而战。在中国的精神历史中,许多伟大的艺术、文学以及哲学思想的迅猛发展在很大程度上实际上都打破了儒家的羁绊,或者自觉地反对儒家学说。在精神生活陷入衰退期的时候,儒家就像天主教在西方一样,一直还存在着。不过儒家也曾有过精神上的巅峰,如同天主教托马斯·阿奎那时代,儒家在朱熹(1130—1200)时代也可谓达到了登峰造极的地步。

每一次强烈的冲动都有着其固有的危险。儒学经过几个世纪的蜕变,已经脱离了其原有的发展轨迹,不过其根源上的错误已经开始显现了。有人对孔子提出异议,认为孔子的思想是"反动的",它将过去绝对化、固定化了,从而抹杀了一切,使其不再有未来。它使得所有具有创造性的、有活力的以及不断向前推进的事物停滞不前。人自觉地意识到,他的思想让过去曾拥有过真理,但现在由于成为了对象而不再拥有。它产生了世袭以及等级制度的生活，出现了只有外在形式而没有内容的生活。因此福兰阁对孔子得出了以下的结论：他为他的百姓树立了过去的榜样，从而使得民众们只能掉过头来退回到历史中去。孔子认为老百姓真正的生活乃是一种十分均衡的持续状态；他没有意识到，历史是一场永不停息的运动。孔子认为，在有序的人类社会之中，人们永远不应当超越理性此岸的界限，正是这样的想法使得他将自然的、形而上学的需求令人失望地搁置了起来。

我们将用流传下来的一些清晰的格言来批驳上述这一观点，这些格言会丰富我们的阐述，并使我们的描绘置于更为广阔的背景之中。不过，应当承认福兰阁对脱离了正道的儒家所得出的结论在很大程度上来讲是正确的，当然孔子和很多儒家学者并不在此列。这一脱离正道的特征可以归纳为如下几点。

第一，太一和"无知"的思想变成了形而上学中无关紧要的东西。如果说孔子对绝对事物的思想与祈祷保持距离，那么从统摄中所产生的确信伸他义无反顾地转向了当下和人这里。面对死亡孔子依然平静地活着，他不想知道人无法了解的东西，如此他让这一切都保持开放。不过一旦人们缺乏孔子的信念，迫于怀疑主义的强势，甚至会导致无法收拾的迷信。不可知论是一种空虚状态，儒家则企图以明显的咒术以及虚幻的期待来填补这一空虚。

第二，将孔子对人性客观而热烈的渴望转化成了功利的思想，从而发展成为一种以死抠书本为目的的迂腐思想，这一思想绝无独立的人之存在的力量。

第三，自由的伦理在礼以及引导礼的力量间的两极性之中，被转化成了礼的教条。在没有"仁"和太一作为基础的情况下，礼只能成为单纯的外在性规则。在孔子那里，礼是一种温和的力量，而现在礼却变成了固定的形式以及用暴力强迫执行的法则。礼被制定成错综复杂的秩序、各种各样的道德、人们之间特定的基本关系，并且是在一定数量的规定之中得以完成的。

从根源上来讲，礼、法以及伦理是一致的，这种一致性正是源于人类自由的共同激情，而如今固定化了的礼对人类来讲是一场灾难。因为在孔子的时代，礼、法以及道德的规范是不分开的，而现在各种各样规定的无限多样性却将这一切贬低为外在的表面形式。这一外在性是可以予以定义的，在任何场合都可以以理性的方式来加以裁决。当所需的行为完成了之后，就不再需要良心的谴责了。面子的外在性成为一切。

第四，思想的开放性蜕变成理论认识的教条。比如说有关人的本性是善是恶的争辩：是否能够通过礼的教育使人成为善良的人，还是只能恢复其本来面目。孔子根本不作这样的选择，除上智圣人和下愚这种处于临界状况的人无法改变之外，大部分人是有自己的机会和活动空间的，他们可以决定是否实际去做。而现在，理论成了热烈讨论的战场，在这里跟其他场合一样，人们进入了理论抉择的死胡同，而这些理论的抉择所涉及的内容对孔子来讲并没有什么重要的。

第五，作为内在行为的知识退化成了口头问答的学习。这样便产生了儒生这一阶层，他们并不是因为品格出众，而是以所学的知识以及只重形式的技艺而受到表彰，这一阶层是由一套考试制度来维持的。古代的知识在从前是一种规范，人们以一定的方式去继承吸收，但到后来却变成了儒生们只知死抠的古代典籍。作为权威的学者们也在模仿古代，而不是从中继承最本质的东西。从这种学问之中产生了正统之学，而这所谓的正统之学却与生命的整体失去了一致性。

儒学的发展偏离原有的轨迹，所有这些偏离对中国历史都发生过巨大的影响，不过后来的儒学并没有完全失去它的本原。孔子本人仍然保持着有效的推动力，这种力量在复兴儒学、打破儒学的僵化局面上发挥着作用。这一推动力表现在儒学中是一再出现的高尚道德以及英雄气概。之后孔子便陷入了与儒学对立的局面之中。孔子更像是一种一往无前的生命力，因为即使是在被固定了的各种形式之中，他也是当下存在的。实施这种复兴的一个伟大人物便是王阳明（1472—1528）。

在儒学发展的整个过程中，孔子本人一直起着至关重要的作用。人们总是把目光转向他——这位唯一的伟大权威。我还想在这里提及孔子对他的弟子们的影响。弟子们被允许多次批评他的行为，不过同时更尊重他、敬仰他，如"太阳和月亮，人是不可能超越这些的"。[248] 在孔子的墓前，有按照祭祀祖先之礼摆设的祭品。后来又建造了一座庙。早在公元前 2 世纪至公元前 1 世纪的过渡期，历史学家司马迁曾记录下他对孔子墓的拜谒："就这样，在那里我怀着敬仰的心情不能离去。世间有无数的君主和贤人，他们在活着的时候非常有名，一旦死去就被人遗忘了。孔子是一个来自百姓的普通人,他的学说却能流传十几代人。从天子到王侯,都以这位大师来作抉择,以大师为准绳。我们可以说他是至高无上的圣人了。"之后,孔庙的建立遍及了整个中国。在 20 世纪初,孔子甚至被奉为神明。孔子只希望自己是一个人,因为他知道自己从来就不是圣人,但最终还是被奉为了神明,这真的是一个令人深思的发展。

老　子

原典

《道德经》译本：史陶斯、格利尔（Grill）、卫礼贤等人的德文译本；在很多地方也参考了高延（de Groot）、佛尔克的著作；以及卫斯（Weiß）、林语堂的译本。

传记：司马迁（哈斯译本，第 16—19 页）。司马谈对老子学说的总结（哈斯译本，第 200—205 页）。

研究文献

《中国哲学史》（哈克曼（Hackmann）、佛尔克、岑克（Zenker）、卫礼贤等著）以及中国文化、文学、国家的历史（高延、福兰阁、葛兰言（Granet）、葛禄博（Grube）等著）。

生平与著作

有关老子的生平有如下叙述（司马迁，公元前 100 年左右）：他生于楚国（今河南省），曾是（周王室）中央政府国家档案馆的负责人（史官）。他的志向是隐姓埋名，过隐居生活。晚年时他的祖国楚已经衰微，于是他向西而去。在边境的关口，老子应守关令的请求写下了《道德经》五千言，然后消失在了西行的路上，"莫知其所终"。[249] 庄子却说，老子死在家中。[250] 他生活的年代被认为是在公元前6世纪(这是传统的看法,因为只有这样才能使作为传说的老子跟孔子的对话成为可能[251]),或被确定为公元前5世纪(佛尔克的看法),或其而更晚至公元前4世纪。这些事实(比如老子的名字既不为孔子,也未为孟子及墨翟所提及,[252]而在某些后出的文献中的记载又是相互矛盾的,等等),在尚未得出令人信服的结论之前,只不过是些事实陈述而已。是否可由博学的汉学家们对中国那一思想全盛时代的文献典籍跟其他典籍进行比较,从所流传下来的著作的风格来确定其年代,外行对此无法确定,也是难以想象的。不过,时代的确定对理解文本并不重要,有关的讨论只能证明文献流传的不确定性。

《道德经》一书的存在是不争的事实。不过,这部书的来源也令人生疑。整部书的内容显得支离破碎,却显示出了令人信服的内在联系,尽管其中有些篇章有可能是后加入的、被人改动过的,但这是一本出自一流人物之手的作品是毋庸置疑的。作者透过书中的言辞,仿佛就在面前,娓娓向我们道来。

《道德经》是一部有关道和德的著作,由长短不一的警句组成,共分为81个小的章节。章节的顺序并没有一个贯穿始终的系统。有时内容相关的章节组合在一起,如在书的结尾处就有有关"政治"的一组。在书的一开头就提出了最本质的问题,接下来再回过头围绕这些议题展开意味深长的讨论。它们完全是以警句的形式出现的,其中没有任何论证。展现在读者面前的是一部卓越的和谐之作。相同的思想以多种多样的变通方式予以重复,它是事实上的而并非靠文字假名所阐明的一贯的体系,我们能明显地感觉到这一特征。尽管书中并没有条理清晰的术语,但是从中依然可以把握住对事物整体性进行阐述的方法。它那充满悖论的语句所产生的说服力(不包括那些头脑中机智俏皮话的随意性),缜密的态度以及那被引向似乎是神秘莫测境界的思想深度,使这部书成为了一部不可替代的哲学著作。

对于不是汉学家的人来讲,对这本书的研究只能通过对为数众多的译本以及评注的比较来进行。如果像读康德、柏拉图、斯宾诺莎那样来读老子,将一无所获。译文毕竟不像使用自己的语言那样直截了当,而像是透过含混不清、雾气蒙蒙或过于直接让人领悟的中间媒介才能理解其中的含义。况且,单音节的汉语以及汉语书面语言的特征,对我们来说都是极为陌生的,因此不是汉学家的人是不可能确定其确切性的。(参阅:如哈克曼)

各译本在语义上有时偏差非常之大(最典型的例子在第6章:高延的译本中所论及的是调节呼吸,而其他译本所谈到的则是宇宙之根源,“谷神”、“玄母”;此外,史陶斯依据列子的说法[253],认为这整个一章是老子从一部古老的、他手头就有的著作中摘录下来的,就像老子平时常常从诗歌中摘引诗句一样),我想规劝大家的是,只读唯一的一种译本是不可取的做法。

此处研习的基础乃是由史陶斯翻译并作注的老子《道德经》。[254]史陶斯所作的注释有助于读者理解翻译中的难点问题,中文原句的意义以及词句的多种含义。此外,他受过传统的德国哲学训练,因此他的阐释透彻、审慎,有时也带点奇特的哲学味道。即便是译文晦涩难懂,也会在注释中找到他之所以这样译的原因。在使用这一杰出译本的同时,我还参照了其他新出的一些译本。在发现这些新译本跟史陶斯的译本有偏差时,再读史氏的注释,真令人信服不已,他会告诉你他之所以这么译的理由,并且常常事先就能认识到后来才出现的异议。史陶斯这本乍读起来令人费解的译本,也许正因为此才是最好的译本。这一译本不易读懂,需要借助于注释的帮助才能理解那简短、含蓄的警句背后所隐藏的真意。

我依据这些译本作了摘录,数字所表示的是《道德经》的章节。[255]

为了理解老子,对老子生活的那一时代的中国精神世界,以及在他之前的传统作一番了解是必须的。但在这里我们放弃这样的做法,即依据汉学家们的研究成就来重复描述那一时代,这是为了证明老子这一位形而上思想家超时代的意义:我们把视线仅集中在他个人身上,他将会更加真实,更加感人。

Ⅰ. 对老子哲学的阐述

道乃世界及万物,同样也是思想家的滥觞和终极。这一哲学的内涵是:第一,道是什么;第二,宇宙万物是如何从道中产生,又是如何归于道的;第三,作为个体的人以及在国家统治状态下生活的人，是如何在道中生活的，又是怎样失去道，复又重新赢得它的。

我们听说过形而上学、宇宙起源说、伦理学以及政治学这样的名词——这是按照西方的分类方法得出的结论。在老子那里，所有这一切都包容在"太一"之中，这是老子敏锐深刻的基本思想。在每一个短短的章节、有限的几句话中，就同时包罗了以上四个方面的要素。在对这些章节进行阐述及逐一进行论述时，会涉及这一哲学中的一种基本思想或对生命的认识。只有当这个"太一"在现实中相继为人们所认识时，这一阐述才算是达到了目的。

1. 道

此书的第一个句子，便直指精邃处，曰："道可道，非常道；名可名，非常名。无名，天地之始；有名，万物之母。"(1)[256]这句话不仅反对所有对道的知识的皮相之谈，也不希望人们用看待有限事物的方法去认识道。"吾不知其名，强字之曰道。"(25)

如若要谈论谊，那必然要用否定的陈述形式（正如书中所说，道是没有名字的，也就是说人类给它的假名是无法接近它的），如："视之不见，名曰夷。听之不闻，名曰希。博之不得，名曰微。"(14)

如果想要肯定地说出其存在，这就意味着只是暂时的、有限的描述。"道冲"(4)，这是无穷尽的深渊；这虚空是无法测量的，"而用之或不盈"(4)。当人们要命名它，把握它，想要通过思考区分它或者在它那里找出差别来时，它却消失了："复归于无物。"(14)它原本的内涵比我们所能理解的一切都要丰富得多，它那无形的虚空，胜过我们所能把握的所有形体："是谓无状之状，无物之象，是

谓惚恍。迎之不见其首，随之不见其后。"(14)

对我们来讲，凡是成为对象的东西都是有限的：由于规定了有差别的存在，才使我们认识到存在自身。四角形的存在是因为有四个角，器皿唯其中间有能盛东西的空间，图像则是由于它的形状。如若对象物都像"道"一样无穷无尽、毫无差别，如此便失去了其确定性，从而与其他事物便不再有差别了。因此，那种把对象物想象成无穷尽的思想，可以作为对道进行思考的主导思想；老子说："大方无隅，大器晚成，大音希声，大象无形。"(41)

如果说存在是我们看得到、听得见、摸得着的图像和形体，那道便是无。只有摆脱了存在的道，才达到了万物的根源。这一根源并非完全没有意义上的无，而是具有胜于存在之上(Mehr-als-Sein)意义的，又产生存在物(das Seiende)的："有生于无。"(40)

这一作为所有存在的根源及终极的"无"自身乃是真实的存在，不过，是作为超存在(Übersein)而存在的，在作了否定性的陈述之后，随即又作了看起来像是肯定性的陈述。道，是不变的，"独立而不改"(25)，它不含变者(30,55)[257]道乃其自身的尺度(而人、地、天，除道之外的宇宙万物都是以其他东西作为尺度的)(25)。[258]道是简单的，纯朴的(32,37)[259]，静寂的(25)[260]，在宁静之中不可思议地达到圆满(25)。[261]

不过，"道"的静寂并不可能是运动的对立面；否则的话它便成为了纯粹消极的、小于存在的东西。"道"在运动着，但在动中有静；它的运动乃"反者"(40)。[262]它之不动，是因为它有所求，它要成为自己尚未成为，达到从未达到的境界；因为"道"是无所求的，"无欲"(34)[263]，"不欲"(37)[264]，它是平易简朴的(34)。[265]

"道"这一概念是老子从古代文献中借用的。这个字的原本含义是"道路",之后用来指宇宙之秩序,也指跟这一秩序息息相关的人的正确行为。"道"是中国天人合一说(Universismus)[266]中最为古老的一个基本概念。"道"被翻译为:理性(Vernunft)、逻各斯(Logos)、上帝(Gott)、真义(Sinn)、正道(rechter Weg),等等。如果把道看作人格化了的神——男性或女性,那么可以把它称作"der Tao"("道"(阳性名词))或"die Tao"("道"(阴性名词))。不过译作"das Tao"("道"(中性名词))无疑是最恰当的。

老子赋予了这一词以新意,他把存在的基础称为"道",尽管这一基础本身是无名的,也是不可命名的。他所使用的这个词超越了所有被称为存在的一切,超越了整个宇宙,也超越了作为宇宙秩序的"道"之自身。也许像坚持世界存在(Weltsein)的观点一样,他同样也主张存在物具有连续不断的秩序,而这两者都根植于超越的"道"之中。

"道"是先于世界之生成而存在的,故而它先于一切的差别。它是作为自在而被想象出来的,因此既不能与他物相比照,也不能在自身之中被区别。因而在"道"之中,譬如实然(Sein)与应然(Sollen)是同一的;世界中被分离的,相互对立的一切在先于世界之时是一体的;万物发生发展所遵循的法则,跟其所应当遵循的是同一个法则;自古以来就一直存在的秩序,跟真正合乎道德规范的行为所产生的秩序并无两样。但是这一对立的同一存在(Einssein)不能就此被理解为世界之中的一个特殊存在,也不可能是世界的全部。它是先于世界而存在的,也是世界的终极。世界的形成意味着分离与区别,分裂与对立。

对我们来说，这世界上充满了分离与对立。而"道"意味着虚空，因为它不可以区别，没有对象，没有对立，它不是世界。如若道自我充盈的话，就会将对象性的东西置于自身之中，并由此创造出世界。但"道"绝不会以这种方式来自我充盈(4)。[267]假使"道"被所产生的世界充满了，那它也就会在世界之中消失了。"道"存在于充满一切可能性的虚空而不是世界的所有纯粹现实性之中——我们可以如是解释"道"，跟存在相比它更多地存在于非存在之中；与所有具体的可以区别的、被规定了的存在物相比，它更多地存在于无差别的基础之中。"道"乃统摄(das Umgreifende)。

2. 道与世界

道存在于天和地生成之前(25)[268]；它同样先于上天的主宰帝——这是中国人至高无上的神(4)。[269]不过"道"并非一个不可接近的完全的他者，而是当下的。尽管"道"不可被感知，但作为存在于一切存在物之中的根本的存在是可以被体验到的 它存在于一切之中，因为有它的存在，万事万物才得以存在。"道"存在于世界之中的特征如下：

(1)"道"是作为虚无而存在的。用眼、耳、手寻它不着，这样做不过是徒劳而已，但它却是无处不在，"大道泛兮，其可左右!"(34)。在这里能同那可以把握的虚无作比较，正是通过这一虚无，所有被规定的存在才得以显现：譬如有了器皿的无(空)，才有盛纳东西的空间，如房屋有了门窗的无(空)，才有房子的作用(11)。[270]因此"道"的无,便是使得存在物真正成为存在的虚无。

可以拿它跟那种甚至同样能穿透最为坚固、没有间隙的物体的东西相比较:"无有入无间。"(43)因为它像无一样,所以没有任一存在物能够与之分庭抗礼。"朴虽小,天下莫能臣。"(32)"独立而不改。"(25)

(2)"道"作用着,仿佛不在起作用。"道常无为而无不为。"(37)根本感觉不到它在起作用,仿佛它本来就是无用一般。"弱者道之用。"(40)"道"不停地在起着作用,因为万事万物产生于它,但它却是在静寂之中,隐而不露,以无为的形式创造这一切。

虽然"道"生万物,其力量极其强大,但万物却是自由的,仿佛它们不是由"道",而是各自从自身产生的一样。因此尽管万物自产生之日起就崇拜"道",不过这一崇拜也变为了对万物自身存在的崇拜:"道之尊,德之贵,夫莫之命而常自然。"(51)"道"使万物自由自在到它那里来:"天之道,不争而善胜,不言而善应,不召而自来。"(73)

"道"达到了不强制万物的目的,它处在万物面前而不显现,就好像它不起作用或根本就没起过作用一般。它存在的方式是:"生而不有,为而不恃,长而不宰"(51);"功成而不有。衣养万物而不为主"(34)。

"道"在不可抗拒地作用着,同时又在其中隐藏了这一不可抗拒性;它抑制自我,又适应于万物:"挫其锐,解其纷,和其光,同其尘。"(4)

（3）"道"乃所有单一存在中"太一"之肇始。宇宙万物之所以得以存在是因为遵循了"太一"这一单位的纽带，"太一"乃道之创造形式，并非作为数字意义上的一，而是作为本质的一个单位。"昔之得一者：天得一以清，地得一以宁，神得一以灵，谷得一以盈，万物得一以生，侯王得一以为天下贞。"(39)

（4）所有现实存在由于"道"而有了自己的存在。"渊兮，似万物之宗。"(4)"可以为天地母。"(25)宇宙万物得以延续，要感谢这一"宗"或这一"母"。"德畜之，物形之，势成之。"(51)如若"道"不存在，那万物都不复存在了；然而"万物恃之而生而不辞"(34)。"其精甚真，其中有信。"(21)

（5）"道"处于善恶彼岸，却益处无穷。宇宙万物，无论是善是恶都无一例外地由于"道"而存在，因此无论从何种意义上来讲，正是借助于"道"，万物才得以持续存在。"道者万物之奥，善人之宝，不善人之所保。"(62)

"道"之存在，虽然被称作爱、忠、信，但并不受人们的同情心所动，也不受偏爱以及派别之争的影响。这一点我们可以在正在显现的世界图景之中看到；万物之生灭是无穷无尽并没有终极意义的："天地之间，其犹橐龠乎！虚而不屈，动而愈出。"(5)宇宙万物对所有个体都无所偏爱："天地不仁，以万物为刍狗。"（作为祭祀时使用的玩偶，祭祀完成后被扔掉）(5)"天道无亲，常与善人。"(79)因此还有这样一句："天之道，利而不害。"(81)

在此世界中，"道"的现实存在的基本特征正是无所不至的虚无,它在一切之中起着作用,却又是以让人觉察不到的无为的方式进行的,是创造万物的"太一"的力量,是在超越了善恶的某一彼岸、在各种因果因缘网中,维系着生灭的变化。

世界之生成以及在此世界中个体变化的过程

除了"道"在世界中的直观形象,老子还要探究"道"的起源过程、世界之生成,并且提出了世界就是由"道"而产生的假想。对于这一推测,老子并没有作系统性的展开,仅是简述而已。他没有问及,世界为什么存在。他同样没有问及,如果偏离了"道"将会发生什么事。他似乎意识到了,由于一系列影响深远、重要或灾难性的事件而出现的不具时间性的事件过程。更确切地说,人们从他那里获得的是一个作为根本本质的、没有时间限制的永恒的当下。他所提及的那个世界过程,或许可以作为一个永远不变的事件来理解:

(1)"道"原本是一分为二的。其一,"道"是不可名的,这是无;其二,"道"是可以被命名的,这是有。不可名的被称作"天地之始",可命名的被称作"万物之母"(1)。[271]这一"母"便是有:"天下万物生于有"(40);无没有名:"有生于无"(40)。"道"本身是无名的,只是当它在世界存在中显露时,才可以有名称。万物产生于可名的道,也就是可名的事物之不断出现:"始制有名,名亦既有,夫亦将知止。"(32)

这二者——不可名的与可名的"道",无与有——"同出而异名"(1)。由可名的事物认识到不可名的事物,于是这一思想便趋向了玄奥之处:"同谓之玄。玄之又玄"(1)。

在其他地方,老子对世界形成的过程作了如下的勾勒:"道生一,一生二,二生三,三生万物。万物负阴而抱阳,冲气以为和。"(42)

(2) 创造万物的"道",其自身具备世界存在的基本要素。人们称之为形式、图形、物质、力量:"惚兮恍兮,其中有象;恍兮惚兮,其中有物;窈兮冥兮,其中有精。"[272]

(3) 在世界的进程之中,个体的存在进程得以实现。宇宙万物在世界存在之永不停息的运动,似乎有以下两层含义:其一是从无到无的毫无意义的生灭;其二是又返回到了其本源:"万物并作,吾以观复。夫物芸芸,各复归其根,归根曰静,静曰复命,复命曰常。"(16)

3. "道"与个体的人(生命的实践)

凡是真实的东西都遵循着"道"(21)。[273]高尚的品德,亦即真实的生命("德"),是与"道"同一的存在。同样,人也只有遵循着"道"才可能走上正确的道路。因此,"道"的基本特征是作为真实的人的基本特征而又重新予以显现的,特别值得一提的是以下特征:通过"无为"来起作用,以"无"获得"有",依靠"柔"达至"刚"。

但这一切的发生并非必然(像自然现象那样),确切地讲,人可能会背离"道",但人在几乎已经背离了"道"之后,还是可以重新回归"道"的。

（1）背离"道"：蓄意与自我意志。最为本质的背离乃是自我意志，与此相同的尚有行为的蓄意，其中包括对自我的审视，以及存心的、有目的的钻营。

"上德不德，是以有德；下德不失德，是以无德。"（38）它的含义是：被我当作目的来追求的东西，是会失去的，只要这一有目的的意愿，其内容是真正现实存在的。凡是被我当作目的的，都是有限的东西，是倏忽即逝的，并非永恒的存在。

蓄意借助于本质的意志正是对本质的破坏，跟此情形相同，自我反思也破坏了自我的本质，如果它是想通过观察来了解这一本质，或想在了解中占有它，并以了解和占有而沾沾自喜的话。"自见者不明，自是者不彰，自伐者无功，自矜者不长。"（24）

通过以下比喻可以清楚地看到人们想要进行的自我反思与有所作为之间的联系遭到了破坏："持而盈之，不如其已；揣而锐之，不可长保。"（9）此处的意思是说（依据史陶斯的看法），既用手抓住一个器皿（按照中国的习俗是双手持壶），同时又将它注满水，这两者是互不相容的。既要享受所作所为的报酬（持），同时也要去做（盈），这同样是不可兼得的。再进一步，对一把刀的刃来讲，既要试其锋利程度（反思性的检验），又要使其锋利（高一等人的作为），也是不能成立的。[274]

蓄意、自我反照（Sich-selber-spiegeln）以及自我意志，它们同属于一类，是跟"道"背道而驰的。正是由于它们的作用，源于深刻的"道"的活生生的行为被遮蔽住了。本真生命的现实性被毁灭了。

意图对对立物的认识不再是统摄性的了，而是以二者择一的态度来看待事物，并把眼光死盯在事物的某一方面，认为这一方面才是正确的。然而"道"在此世界中的基本形式便是对立，源自"道"的生命自身就包含了对立，当对立通过蓄意的方式被消除而偏向一方或完全被规避掉时，就背离了"道"。意图使得一些东西成为目的，从而必然产生区别。因此，蓄意使得相互联系着的对立分离开来，使得这两个对立面孤立起来。由于蓄意的作用，我观察事物和做事的方法不再是此中有彼了，而是非此即彼，以及来回变动，一会儿这，一会儿那。我失去了"道"，或者是因为我只重点抓住了事物其中的一个方面，并没有抓住蕴涵于其中并与之相联系的另外一个方面；或者是因为我不是为了真理本身、在开放的状态之下献身于统摄，而是在特定的现实存在以及知识上的存在形式之中保持这一真理，从而失去了"道"。

（2）作为伦理起源的"无为"。在世界范围内指向有限和确定事物的有目的的意志，只有当它被吸收到非意志之中时，才能赢得建立在自身基础上的现实性。这一无作、无为，可以理解为所达至的无心境界的起源，也就是说，可以作为老子伦理学的中心来理解。

"无为"乃是源自根源的自发性行为本身。这一"无为"绝不是什么都不做的意思，绝不是消极被动的状态、精神的麻木、动力的瘫痪。它是人类的那种真正的行为，虽然做了，就如同没做一般。这一行为并不很重视成就感。这一主动性是将所有行为包容、统摄其中的"无为"，是产生这些行为并赋予它们以意义的"无为"。

"无为"这一表达是相对于它的对立面"为"而言的,因此在用到这一词时会给人们造成错觉,觉得作为起源,"无为"是不合适的。想要给"无为"发出一个指令:需要此是为了排斥彼,这是不可能的。因为如果这样做的话,就会使得"无为"重又陷入它曾摆脱了的怀有目的的蓄意之中。对立存在于自身之中的事物,是不可能用语言的对立性予以表达的。老子正是运用这种方式来谈论"道"的:"道常无为,而无不为"(37);与此相应,在谈到品德高尚的人时:"无为而无不为"(48);在讲述正起着作用的人的"无为"之举时,他把这一行为称作"无为之为"(为无为):"圣人处无为之事"(2)。

如果说无心乃是产生于本源的主动性本质,那么蓄意则是从零星出现的、有限的、怀有某种目的的思想中产生出来的主动性的本质。前者发生了,并未曾有过意欲,却控制着怀有目的的意志;后者是随着意欲而发生的,到最后却无法掌控,也没有任何理由。前者在起着作用,它产生于"道",并达到了本质,后者则遭破灭,它产生于有限,将归于虚无。

　　产生于"道"的作用之中的无心,将在行动之中而非善行之中得到证实。无意图性不想将善行的成就集中起来,也不会在自己的杰作之中表白自身。

无意图性同样跟"避免不了祸害"一语相距甚远。因为在老子那里,在"道"之中创立的、同生命合而为一的主动性的意义,总是同忍耐、献祭相连的。老子的"无为"乃是从深刻之处产生的活生生的行为,"不抵抗恶"的无为变成了斗争的手段,变成了一种放弃抵抗的意志(把火炭堆在敌人的头上)。

把自己善行的成就集中起来，以及在献祭中的忍耐，这两者都是最大程度的蓄意。在做哲学时，也许从来没有像老子这样果断地把无心作为所有行动真理基础的人，这正是朴素形式中的神秘之处。不过，无心在其本质之中是不确定的，因此应当如是来理解它，同时不可作为指示来看待。无心只能以间接的方式被指明。

（3）由"无为"展开来的与"道"合一的标记。对智者的特征进行描述——圣人、品德高尚的人、尽善卓越的人、高贵的人、负有使命的人，这跟讲解"道"一样是一件困难的事：与"道"合一绝不可理解为两个对立面合为一体。在人的行为方面，它所涉及的并非是在相同的层面上对两种可能性进行选择的情形。我们之所以描述这个合一，并不是要对某一明确的现象进行确定，而是要描绘出一幅对立就好像隐藏于自身一样的图景。那种把眼光只盯在对立的某一方面的做法是误解。有关此类的例子有：

"大成若缺……大盈若冲……大直若屈，大巧若拙，大辩若讷。"（45）"明道若昧……上德若谷……大白若辱，广德若不足。建德若偷。"（41）[274]

当我们现在来描绘智者的形象时，这类通过对立性来表达的方式还将一再出现。语词上的迷惑，似乎是要在对立面之间进行理性的抉择，或玩弄似是而非、翻来覆去的游戏，其实这是想要人们意识到一个非常简单的道理，那就是：尽管理性的抉择是在有目的的行为的指导之下进行的，正因为有了统摄的、非目的的真实性存在，并且仍然拥有着实现确定性的温和的力量，一切理性的抉择才是当下的。

在柔中的作用:"柔弱胜刚强。"(36)"天下之至柔,驰骋天下之至坚。"(43)"圣人之道,为而不争。"(81)

有一个比喻阐明了柔的活力:"人之生也柔弱,其死也坚强。万物草木之生也柔脆;其死也枯槁。故坚强者死之徒,柔弱者生之徒。"(76)

另一处的比喻说的是女性之弱:"牝常以静胜牡,以静为下。"(61)

不过最常用的比喻当数水:"天下莫柔弱于水,而功坚强者莫之能胜。"(78)"江海所以能为百谷王者,以其善下之,故能为百谷王。"(66)"譬道之在天下,犹川谷之于江海。"(32)"上善若水。水善利万物而不争,处众人之所恶。"(8)

自我无所求:以"道"为典范来生活的高尚之士应当"是以圣人后其身而身先;外其身而身存"(7)。也就是说存在一个双重的自我:贪婪的、自私的、自吹自擂的、争名夺利的自我,以及一个本真的自我,而后者只有在前者消失之后才会出现。"胜人者有力,自胜者强。"(33)这一超越所带来的后果是:

无欲:"五色令人目盲,五音令人耳聋,五味令人口爽;驰骋畋猎,令人心发狂;难得之货,令人行妨。是以圣人为腹不为目"(12);"益生曰祥;心使气曰强"(55)。谁沉湎于欲望之中,为了活着而活着的话,那他就在衰落:"夫唯无以生为者,是贤于贵生"(75)；"故常无欲，以观其妙；常有欲，以观其徼"(1)。[276]痴迷于"乐与饵"的人，认为"道"是淡而无味的(35)。[277]

不自我炫鬻："不自见，故明。不自是，故彰。"[278]他"功成而不处"(77)。

无所求：品德高尚的人"生而不有，为而不恃"(2)。"生而不有。长而不宰。"(10)[279]"以其终不自为大，故能成其大。"(34)

自我引退："功遂身退。"(9)智者"其不欲见贤"(77)。他"不处"(77)。"功成而弗居。"(2)"不自伐，故有功。"(22)

认识：与"道"合一的生活，同样意味着对"道"的认识。认识"道"，就意味着在"道"中生活。

对于"道"的认识不同于某一知识。如果我用日常所熟悉的知识来衡量它的话，那么对于"道"的认识就如同无一样："为学日益，为道日损……以至于无为。"(48)谁认识了"道"，那么"明白四达，能无知乎"(10)。知之甚多反而意味着一无所知："知者不博，博者不知。"(81)

对于"道"的认识不可能从外部获得；它形成于内部："不出户，知天下；不窥牖，见天道。其出弥远，其知弥少。"(47)

相对于知之甚多的涣散，对"道"的认识是有关太一的学问："知常日明。"(55)"不知常，妄作凶。"(16)

这些言简意赅的话的意思是："道"的深刻之处只向人的内心

深处敞开。道将自己与人的重要地位和错误、人的欲望和自我意志、人的自我反思和要求隔绝开来。不过,在人的内心深层沉睡着共同认知起源的可能性。假使这一深层不慎失去了,那么现实存在的波涛便会在世间掠过,仿佛这深层从来就不曾存在过一般。

故而,只有在认识"道"的前提之下,才能真正地认识自我:"知人者智,自知者明。"(33)这一自我认识与自我反省无关,与想在对自己的认识中占有自己无关,是对道中自我存在的认识,它看透了那种对自我存在的虚假意愿,并将之摒除。因此应当从否定的方面来理解自我认识:"知不知,上。不知知,病。夫唯病病,是以不病。圣人不病,以其病病。"(71)但是,与最初始源——这一对万物之母的认识相关的自我认识,则能从肯定的方面加以理解:"既得其母,以知其子。既知其子,复守其母。"(52)

统摄的开放:消除自我欲念并且实现了自我,从而重新赢得"道"的人,生活在广阔的世界之中,当下就在他面前:"知常容,容乃公。"(16)在这一"容"的存在中,包含着令人惊诧不已的辩证法:"圣人无常心,以百姓心为心。"(49)参与百姓生活的圣人,与百姓之间并没有界限:"万物作而不辞。"(2)他不遗弃任何一个人,因为"常善救人"(27)。

他敢于一视同仁地对待所有的人:"善者,吾善之;不善者,吾亦善之,德善。信者,吾信之;不信者,吾亦信之,德信。"(49)[280]再往前进一步,他对自己的要求是:"报怨以德。"(63)

不过,这一广阔的世界同时也意味着最大限度的距离。在其中,圣人识破了有限的假象,看到了本质,热爱上本质,并由此感到一种特别的无牵无挂的状态——一种并非空虚的,为"道"所充满的状态；他就如同"道"一样超然于善恶之外，但并非无关宏旨，而是以他那充满正义和慈爱的深邃目光凝视着本质："天地不仁，以万物为刍狗。圣人不仁，以百姓为刍狗。"(5)

智者的整体行为。得道者们的行为犹如古代的大师一般："豫兮若冬涉川；犹兮若畏四邻；俨兮其若客；涣兮若冰之将释；敦兮其若朴；旷兮其若谷；混兮其若浊。"(15)或者说他有三大基本特征：慈悲(仁爱)、节俭、谦虚(不敢为天下先)(67)。[281]知者不多言。"多言数穷。"(5)

儿童的天真纯朴以及无拘无束便是智者的本质："复归于婴儿。"(28)"能如婴儿乎。"(10)"含德之厚，比于赤子……骨弱筋柔而握固。"(55)

智者的境界是不容动摇的："故不可得而亲，不可得而疏；不可得而利，不可得而害；不可得而贵，不可得而贱。"(56)

(4) 背离。对老子来说，人类世界处于背离"道"的状态是事实。大部分的以及公开的现实都跟"道"相去甚远。这些都常常被谈及，如："不言之教，无为之益，天下希及之。"(43)

为什么有背离？古时有"道"，人们生活在"道"之中(14；15)。[282]不过何以会发生背离"道"的事？它作为人类的行为并非是在过去仅出现过一次的存在之灾难，而是不断重复产生的。背离乃是蓄意、自我反思、自我意欲所产生的后果。

有关蓄意的能与不能，庄子在记载老子与孔子的对话中予以了表达："苟得于道，无自而不可；失焉者，无自而可。"[283]这意思是说，人们不能通过自己蓄意的愿望——这一力量来获得"道"；"道"的获得不是自我强求的结果，"道"在我内心和之外在起着作用。

再进一步,失去"道"也不是自我强求的结果,乃是自己行为的过失——"我有能力获得它",确切地讲,是由于我内心受到蓄意及自我意欲的支配造成的。

不过,蓄意从何处而来? 老子并没有苦苦思索过这个问题。是否"道"原本就不可能与世界以及人合而为一,是否本来就没发生什么背离,老子对此并没有提出疑问。他将背离看作是业已存在的。

背离的等级。老子如是划分:"道者,同于道;德者,同于德;失者,同于失。"(23)也就是说,在与"道"合一的存在以及堕落("失")之间存在着"德",这一"德"可以理解为正当的,但又是蓄意强求而做出的行为和举止。只有当"道"被抛弃了的时候,才有一定的道德和准则出现。它们的出现代表着被抛弃的已经登场了。这些乃是对部分进行拯救的尝试,因为只有当人们已经背离了"道"时,才有各种义务的存在。那些看起来显得高贵的道德,反而是人类存在处于较低等级的标志。因为人的存在只有与道合而为一,才是真实的,才是名副其实的:"大道废,有仁义;智慧出,有大伪;六亲不合,有孝慈;国家混乱,有忠臣。"(18)

等级的顺序是,由在"道"中变化而来的高级存在(所谓"上德"),到一定的道德规范以及世俗礼仪,这世俗的礼仪最终靠强权使那些不遵守它们的人屈服:"上德无为而无以为……上仁为之而无以为。上义为之而有以为。上礼为之而莫之应,则攘臂而扔之。故失道而后德;失德而后仁;失仁而后义;失义而后礼。"(38)

从另外的角度来看,这些等级的特征很明显:"上士闻道,勤而

行之。中士闻道，若存若亡。下士闻道，大笑之。"(41)

"道"之归途：没有哪一种现实存在是被完全遗弃的(27)。[284]
如是，在所有的人身上都存在着自觉自愿亲近"道"的倾向——无
须任何的戒条(51)。[285] 即便众生被有意识地唾弃过，但他们仍然
一直无意识地存在着。那些从"道"中产生的创造物的根源虽降为
众生，但从未完全被遗弃。"人之不善，何弃之有？古之所以贵此
道者何？不曰：求以得，有罪以免邪?"(62)

如果我们就寻找回归于"道"而请求指点、寻求方法，老子并没
有给出过此类答案，因为无意不可能蓄意地被制造出来。老子指
出了他之所以这样做的关键所在。由于这一事物不可能作为有限
的目的、明确可知的东西来追求，因此任何一种蓄意的企求方法和
说明都必然是不存在的。任何指点或许就已经是本末倒置了。图
像和公式并非良方。

但是有一点听起来像是一种指点，那便是老子所暗示的对古
代大师们的效法。"古之善为士者，微妙玄通，深不可识。夫唯不
可识，故强为之容。"(15)

不过这一回归至古代的思想是具有双重含义的。孔子之"道"
并不是说(正如史陶斯所说的)，要恢复已经逝去的古代社会，使之
同在文献中所认识的一模一样——，而老子之"道"是那种永恒的
古老的东西，恢复在延续性之中那种贯穿于历史的根源性"道纪"：
"执古之道，以御今之有。能知古始，是谓道纪。"(14)

(5) 无或永恒。老子对于生命的意义这一问题的回答是：参
与到"道"中去，以达到本真的境界，这叫作永恒、不朽——于倏忽
即逝中求得永恒。老子对这一不朽思想表达得极为深刻。

"道乃久,没身不殆。"(16)"死而不亡者寿。"(33)"用其光,复归其名,无遗身殃。是谓习常。"(52)"物壮则老,是谓不道,不道早已。"(30,55)

不朽在这里的意思是参与到"道"中去,在没有时间性的永恒中得到安宁,并不是说在彼岸或在轮回中将现实存在延长至无限。不朽是什么,以及如何能达到不朽,在这里不可能用形象的方式来予以表达。只是永恒的意识是清晰可见的。死包含在生之中:"出生入死"(50)。不过,生死的转换并不可怕,凡是与道合一的存在都不会给生与死带来任何危险,即使肉体死亡了,也总有东西存在。从下面的例子我们也可以理解这一点:

"盖闻善摄生者,陆行不遇兕虎;入军不被甲兵。兕无所投其角,虎无所用其爪……夫何故?以其无死地。"(50)在这里拿躯体来做比喻:与"道"合而为一的人,即使肉体死亡,他也不会死。躯体的载体从与道合一中而来,从而无所畏惧,因为失去躯体只意味着生命体的死亡而已。

(6)道的追随者老子在世间的命运。当共同社会的世界颠倒为由暴力和法则构成的秩序时,那些真正保持自己本真存在的人便产生了孤独感:这并不是因为他们是遁世怪物,而是因为共同社会和统治不真,也就是说没有遵循于"道";并不是因为他们是怪癖的例外,而是因为众人的兴趣和快乐、目的和动力都走上了背离道的歧途。老子便是那些早期孤独者中的一员,他之所以如此是迫不得已，并非出自自己的意愿，正如耶利米（Jeremias）和赫拉克利特（Heraklit）一样。

智者在此世间的生活究竟是怎样的，这在老子的这些稀奇而又非常有个性的话中得到了表现："人之所畏，不可不畏。荒兮，其未央哉！众人熙熙，如享太牢，如春登台。我独泊兮，其未兆；如婴儿之未孩；累累兮，若无所归。众人皆有余，而我独若遗。我愚人之心也哉，沌沌兮！俗人昭昭，我独昏昏。俗人察察，我独闷闷。澹兮其若海，飘兮若无止！众人皆有以，而我独顽似鄙。我独异于人：而贵食母。"（20）

在另外一处，老子如是讲述了他不为人所理解的遭遇："吾言甚易知，甚易行……莫能行。言有宗，事有君。夫唯无知，是以不我之。知我者希，则我者贵。是以圣人被褐怀玉。"（70）

依据司马迁的记载，孔子拜访过老子，老子对于年幼于自己的孔子的改革之举不敢苟同，他说："且君子得其时则驾；不得其时则蓬累而行。……去子之骄气与多欲，态色与淫志，是皆无益于子之身。"[286]

4. "道"与国家之统治（驾驭人类社会的实践）

对于统治者来讲，不论是统治国家、操持家政，还是战争大事，与道合一乃是诚实者。因此，在统治中无为、放任、为而不显，也就是说以柔的形态表现，是治国的诚实者。统治者是作为个体的人，他是怎样一个人以及如何来治理国家，对于全国人民的生活来讲至关重要。人类整体的情况，跟这一个体的情况是同一的。

（1）国君。根据国君的特征,对于他们的评价可以分为不同等级,从国民角度是这样看的:

　　"太上,下知有之。其次,亲而誉之。其次,畏之。其次,侮之。"(17)最好的统治者是让人觉察不到的:"功成事遂,百姓皆谓:我自然"(17);同样,"天下将自正"(37)。

　　卓越的统治者"无为故无败,无执故无失。"(64,29)他无为而治。"爱民治国,能无为乎。"(10)"以无事取天下。"(57)

　　与此相应,好的君主保持低下的态度,不表现自我,无所求。作为君主,如果他想居于国民之上,在言辞上他要谦恭,置于国民之下;如果他想先于民,就亲自把自己(的利益)置于民之后;"是以圣人处上而民不重;处前而民不害。"(66)一位这样的君主,在认识到尊严的同时,却自我谦卑(因此他们自称"孤""寡""不谷")(39)[287],"为天下谿"(28)。

　　唯有对统治不汲汲以求,才可能实现"无为"而治。如果统治者忧虑、担心权力的得失,那他就不可能真正实施其统治。

　　糟糕的君主是另外一个样子。其关键在于:"民之难治,以其上之有为,是以难治。"(75)更糟糕的统治者则"朝甚除,田甚芜,仓甚虚;服文彩,带利剑,厌饮食,财货有余,是谓盗夸"(53)。

（2）无为而治。对于统治者来说,无为而治是难以领会的。

这一"无为"可以从这方面来理解，它不是专制的，而是让所有众生得到自我发展的真正的有为："侯王若能守之，万物将自化。"(37)

在中国人天人合一的世界观中，认为这一无为而治是一种神秘的力量：统治者若与"道"合一，那么不仅会使国家，也同样会使自然及宇宙万物走上正道。统治者以"道"行事乃是五谷丰登的缘由，它避免了水旱灾害、消除了瘟疫和战争。对于这一神秘力的想象，也出现在老子的书中（假如这段是其原话而非后加上去的）："以道莅天下，其鬼不神；非其鬼不神，其神不伤人。"(60)对这种神秘力的想象，老子谈得很少，不过他也没有明确地表示过反对。

与此相反，老子常常强调榜样的表率作用："执大象，天下往。"(35)"玄德深矣，远矣。与物反矣；然后乃至大顺。"(65)高尚人士的魅力以及"道"之追随者会使得国泰民安。这样的人，会以其内在的存在而成为典范。"以无事取天下。"(57)

"无为"而为的自发性是起决定性作用的。认为从什么都不做中产生一种结果，似乎是荒唐透顶的事。实际上，"无为"并非什么都不做，它所指的是统摄一切计划的、先于所有被限定的行为之行为，这一行为既非被动的，亦非无计划的。它是这样一种行为，并非为了追求有限的目的而强行干预，而是根源于"道"自身的参与。如果人们想要刨根问底地进一步知道这一"无为"究竟是什么，那么这样的要求跟我们在这里所谈到的内容未免太不相称了。正如进入"道"之中的抽象思辨以及对个体原本的"无为"进行阐明一般,政治上的议论将"无为"引上了不可名状、不可分别之路。

> 只有在下一个较低的层次上,在有限物以有差别的方式
> 而存在之时,某种的言说才可能发生;并且是以否定的方式来
> 言说的:"天下多忌讳,而民弥贫。民多利器,国家滋昏。人多
> 伎巧,奇物滋生。法令滋彰,盗贼多有。"(57)或者转而以一种
> 不加界定的肯定方式的命题来予以描述,那在所作所为、干
> 预、禁令以及命令都消失的情况下,"从自我产生"的万物才是
> 真实的和现实的。"我无为,而民自化;我好静,而民自正;我
> 无事,而民自富;我无欲,而民自朴。"(57)(相比之下,只有一
> 个外部因果关系的命题得以成立:"民之饥,以其上食税之多,
> 是以饥。"(75)

如果人们要在老子的这些话中寻求指示,那么马上就会有反
对意见出现:这所有的一切是无法贯彻执行的,现在的情况跟以
前不同了。但是在这样的异议之中,人们忘记了最为本质的东西,
即在这里所谈到的并非指导人们进行有目的的行为。在无为、无
计划、无干涉正合乎"道"的要求时,那种被要求去做、去计划的说
法,也就变得毫无意义了。老子让我们认识到的并不是理智的纲
领,而是要呼唤人们内心中根源的可能性,特别是在有目的地进行
的政治行为之中去唤醒这一可能性。作为一个精心设计且以有限
的手段来实现的制度,这将是一个神奇的"无为"乌托邦,并且是一
个坏乌托邦。作为对在政治之中的人之存在的可能性的把握,这
一思想本身便具有真理性。老子的言论真是闻所未闻:"侯王若能

守之，万物将自宾。天地相合，以降甘露，民莫之令而自均。"(32)
大抵想把无政府主义以造作、指示、忠告的方式引入这一世界的
人，实际上将这一哲学思想的意义颠倒了，他指望着人们马上可以
做到这一切，能够依靠自身维持秩序，因为人的本性是善良的。或
者他也想，如果在因他而产生的混乱之中使用强权，那么他将通过
这种强权摧毁一切被他认为比以往更加邪恶的东西。这位误解了
老子的原意、想要引入无政府主义的"圣人"，假使他是诚实的并且
他的思想是合乎逻辑、首尾一贯的，那么，即使他一度受到过人们
的重视，终究也会遭到毁灭的命运。与此相反，老子从未认为指
示、行为能促使状态发生变化，在认识到真理时他指出，没有谁知
道自己的力量能达到什么程度："重积德则无不克，无不克则莫知
其极。"(59)

（3）战争与刑罚。在国家的不可避免的暴力行为——对外的
战争、对内的刑罚——中，老子是如何来表明他那"无为"的意义的
呢？在此，"为而不争"(81)这一原则又是如何体现出来的呢？

在任何场合下，战争都是邪恶的："夫佳兵者，不祥之器，物或
恶之。"(31)"师之所处，荆棘生焉。大军之后，必有凶年。"(30)但
是有些情形让圣贤也逃避不了战争。"不得已而用之"，圣贤保持
"恬淡为上"(31)的态度。不过一旦下定决心，他便将自己限定在
如何作战、如何取胜的方式中。"善者果而已，不敢以取强。果而
勿矜，果而勿伐，果而勿骄，果而不得已，果而勿强。"(30)

在战争之中，"无为"之为也同样适用。因为"柔弱胜刚强"
(36)，"天下之至柔，驰骋天下之至坚"(43)，故而老子得出了令人
惊诧不已的结论："兵强则不胜，……强大处下；柔弱处上。"

(76)"夫慈,以战则胜,以守则固。"(67)"故抗兵相加,则哀者胜矣。"(69)侵略性的战争理所当然地应当受到非难:"祸莫大于轻敌。"(69)即使是在战争之中,也要尽可能少地参与到其中去:"用兵者有言:吾不敢为主,而为客;不敢进寸,而退尺。是谓行无行,攘无臂,扔无敌,执无兵。"(69)

> 老子描绘出了真正的战士:"善为士者,不武。善战者,不怒。善胜敌者,不与。"(68)"胜而不美。而美之者,是乐杀人。……杀人之众,以悲哀泣之:战胜以丧礼处之。"(31)

国家对内的暴力表现为刑罚,特别表现在死刑上(72—74)。[288]适于"道"表现在法官的审慎克制上。只有"天之所恶"者才应当受到惩罚。不过,天道的审判官却隐而不现。因此,这对人世间的那些想要避免不公正处罚的法官来讲,无疑是一种安慰,因为即便他以不公正的方式赦免了罪犯,罪犯也不会逃脱其受到的应有处罚:"天网恢恢,疏而不失。"(73)

（4）在事物变迁与生成中的行为。对于永恒的"道"来讲,出现了远离和回归。在这一回归之中每天都可以发现新的东西,它的任务并不是要把世界变成一种全新的状态。对于老子和中国人来讲,并不存在一次性的历史过程,也不存在未决的未来,所存在的是具有无限运动生命的永恒之"道"。在这之中,便存在着适合于"道"及偏离于"道"的动摇。"无为"则达到了与"道"完美合一的境地。

这一无为并非旁观的清静,而是支配行为的基础。由于政治上的原因常有实际的动乱存在：反政府者，新生反对派的萌芽，局势的变化。因此"无为"的国君是在不断适应、调整中实现无为而治的。忙忙碌碌原本就不能成就任何事业，而又怀着想要成就一切的奢望，对于从"无为"的基础之中产生出的行为来讲，整体是不变的，是当下的，任一行为都将在直接和未来的结果之中预先感觉得到："民之从事，常于几成而败之。慎终如始，则无败事。"(64)

因此贤明的君王生活在万物的关联之中。他能够观察到事物的开始，当它尚处于萌芽状态的时候，他便提出了要求："图难于其易，为大于其细。"(63)在适当的时机，需要觉察不到的介入："其安易持；其未兆易谋；其脆易泮；其微易散。为之于未有，治之于未乱。合抱之木，生于毫末。九层之台，起于累土。千里之行，始于足下。"(64)

每时每刻去捕捉这些不易觉察的介入，也就是说抓住与万事万物根本的相互关联，是一件异常艰难的事。因此这一使万事万物归于秩序的"无为"，与轻率可谓相去甚远。"无为"的君主承担着这一艰巨的义务。"重为轻根，静为躁君。是以圣人，终日行不离辎重。……奈何万乘之主，而以身轻天下！轻则失本，躁则失君。"(26)

（5）值得追求的政治上的整体状况。老子依照中国的天人合一学说，把人的现实存在放在唯一的一个帝国中来予以考察，作为构成要素的这一帝国的顶点是一位统治者，他统治着邦、乡、家以至个人(54)。[289]这一帝国并非一个设计好了的公共机构，如同几个世纪之后秦始皇帝所建立起来的通过役人（官吏）来管理的组织，而是"天下神器，不可为也，为者败之"(29)。老子所处的时代是一个没落的封建统治社会，他将这一社会的原始状态视作适合于"道"的理想社会。

这一整体的政治状态,是通过一个帝国联结为数众多的小国。最高的理想状态乃是"小国寡民"(80)。为了在这样一个小国中幸福地生活("使有什伯之器而不用,使民重死而不远徙;虽有舟舆,无所乘之;虽有甲兵,无所陈之"(80)),国与国之间,大国对小国,小国对大国,必须有恰当的关系:"大国者下流,天下之交……故大国以下小国,则取小国;小国以下大国,则取大国。"(61)幸福的国家毗邻,不会出现不同国家的子民不安地相互交往:"邻国相望,鸡犬之声相闻,民至老死,不相往来。"(80)

(6) 根源性的真理。这种近乎于牧歌式状态的描写,是想要回归到获得文化之前对原始性的需求("使民复结绳而用之",亦即回到文字发明前的时代(80)),在老子那里,人们能够感觉得到,这一"回归自然"是回到那种野蛮的状态中去。这只是一步,实际上也是如此。

在这同一方向上,似乎存在着这样的要求,即不启迪民智。贤明的君主,"使民无知无欲,使夫智者不敢为也"(3)。"古之善为道者,非以明民;将以愚之。民之难治,以其智多。故以智治国,国之贼。"(65)这一步所涉及的是,通过愚民政策巧妙地使对人世间的统治易如反掌。

老子似乎想要摈弃人类文化和道德的崇高价值:"绝圣弃智:民利百倍。绝仁弃义:民复孝慈。绝巧弃利:盗贼无有。"(19)这一步使人们回到了顺其自然的消极被动性之中,仅能旁观,与世隔绝,反对任何亲眼目睹,并执着于虚幻的观念。

为了尽可能更好地从老子的整体学说中理解这些命题,我们必须看到"根源事物"一词的双层含义。首先，从根源上来讲，它是与"道"相适合者，老子就是这么认为的。不过它又是如此遥远，如此隐而不见，如此容易混淆，以致人们可以很清楚地感觉到它，但不能确保它就是已经实现了的人类世界。其次，根源性的意思是在开始时的一切，亦即原始的愚昧状态，因为用它来比喻本来的根源性，所以同它本身相混淆了。哲学思想的力量——它触及人类最高可能性的源泉——是不可阻挡的，老子的命题——在思想家自身那里或许已经有个别乱了思路的地方——在被推到最初所见到的事物面前时，即刻便显得暗淡了，并将意义颠倒了过来。

Ⅱ. 独特性与批判

1. 老子的意义

（1）矛盾：所说出者正是不可言说者。

"知者不言，言者不知"（"知道的人是不说出来的，而说出来的人是无知的"；另外一种翻译是："认识到了'道'的人是不会用言语表达出来的，而用言语表达出来的人，是没有认识到'道'的人"（56））。老子一再重复这一基本观点："圣人行不言之教。"（2）

故而老子企图通过先言说，其后再抛弃这一言说的方法，来传播他那最为深刻的认识。事实上，每一陈述的命题都会失之偏颇。不过如果谁能理解这样的命题，也就抓住了对象。他必须超越命题与对象，也就是说，为了深入到真理之中，他应当达到不可言说的境地。换句话来说，为了求真，每一作为陈述的命题，都必须在不可言说中消失。

那为什么老子要写一部书呢？对此老子并没有陈述其理由。只是在传说中提到，写书并非他的意愿，是应守关令的请求，老子尽管同意了但很勉强这样做了。[290]请允许我们这样来回答：因为这些记载下来的陈述通过自身获得了超越，通过对不可言说的沉思以接近自己的主导思想。老子的这部著作，是第一部伟大的间接传达之作，而真正的哲学思想总是依赖于此类方式而得以流传。

只有通过传达，人类的思想才能得以沟通。完全的沉默就如同在沉默之中什么也听不到，事实上就像是无一样。我们依赖于说和听。认识在传达时，不论是从自我理解方面还是从他人的理解方面，都必须进入这一合理的、可命名的、确定的、区别于其他的以及有关联的思考之中。这一哲学化的、不可言说的认识，由于只同自身说话而陷入了矛盾之中。不过，对人类自身来讲，认识也只有再次通过言说（起初是思想家自己跟自己的谈话）才能从根本上得到理解。

（2）这一哲学化的言说要将我们引向何方？

我们已经说过，老子哲学所涉及的并非对对象物知识的悟性，也不是那种按目的、计划行事的意志。老子所瞄准的目标乃是被悟性和目的遮蔽的、处在我们内心深处的根源。故而他不是通过意志的力量来自制，而是对我们自身的原动力作一次较为深刻的检视。

在我们内心深处，安息或沉睡着可唤醒的东西，或是一片空寂，没有什么东西可被唤醒。不过老子没有言及后者。他相信可唤醒物的存在,其实就是对"道"的确信。由于有抵抗、遮蔽、衰竭、遗忘,因此耐心的存在是很必要的。

老子对政治的探讨可以作为例证:他的诸命题如此接近于指示,以至于那种深思熟虑的见解很可能被误解。其实所有这些指示在老子那里只不过用作譬喻而已。这些譬喻根本不具备规定或法律的根本特征。它们并不能被理解为对主动性广泛基础的表达,它们所引发的是消极性,因此作为指示它们是错误的。它们唤起了自我抑制的冲动,唤起了从最深层的统摄中产生的审慎。这些譬喻反对盲目的愤怒,反对毫无思想的活动,反对暴力,而这一切早已将处在地平线另一头那依然可见的目的忘却了。

这些譬喻面对想要通过指示与法规使一切归于秩序的倾向,能够起到限制冲动的作用。它们能使得意识最大限度地听其自然,能使得所有的指示和法规受到制约,从而使之不再具有指示的形式,但在人们的相互传递之中却可以感觉得到。

它们属于我们要赋予行动的那些想法,以避免那种尽管有着一定的目的,但最终一切都陷于事与愿违的无休止忙碌的境地,因为这是有悖于目的的。

奇怪的是,官僚机构内的许多决定,常常是由那些一直属于较大政治实体的人做出的,他们没有来自整体的当下经验,以权宜之计说出最大的胡话。行动者的自我教育和公共精神需要在远远超出法律法规机制的标准下进行反思并承担责任。这一责任应当在整个生活中的每一项规则与其他规则的联系之中来看待。它必须以最简单的方式,不仅找到其特定的秩序,而且还要使所有人从日常生活中解放出来,并且开启无数的机会。

老子的思想所针对的是统摄在我们之中以及之外的根源。这一思想提醒我们记起在有目的的意志和有限的悟性之空隙中常常被忘却了的东西。当我们无论是在日常生活中,还是在职业中,抑或在政治活动中,将我们的意图从其必须保持的引导中分离出来,如果不想让它最终落入无休止的功用、虚无的乏味,落入只有通过忙碌所加剧的毁坏,那么老子正是在这一瞬间向我们发出了令人回味的声音:这究竟是为了什么? 老子提醒我们,如果人类不愿沉沦于虚无,那就不应该与这一根源分离。

(3) 老子的思维方式。老子不再寻求什么了,在所谓知识的意义上,他"知道"一切。由于领悟到了存在的基础,从而使得他的谈话有了根基。正因为他的内心充盈,他才要传达给别人。这些回答并不需要提问。

老子并没有过多地思考实现他思想的方法。如果我们把注意力放在通过老子的言传所表现出来的思想上,就会注意到这些特征。

第一,因为每一言说出来的思想都是偏颇的,即使词句再怎么完善也还是不恰当的,为此我们的思维被老子牵着往前走。譬如:"强为之名曰大,大曰逝,逝曰远,远曰反。"(25)史陶斯对这段文字的解释是:"我强迫自己给它起一个名字,称它为大。绝对的大同样也是绝对的远。而这一远又穿透一切,它此刻甚至就在我的思维之中,故而我不得不把它称作返回本源。"

第二,那些想要遭遇"道"的思想都陷入矛盾、对立以及悖论之中。

矛盾着的事物通过丰富多彩的形式相互关联着：它们相互产生，相互补充，相互阐明，相互疏离，相互适应，相互追随。譬如："有无相生，难易相成，长短相较，高下相盈，音声相和，前后相随。"(2)另外一个例子："重为轻根，静为躁君。"(26)

老子在这里使用这些形形色色的对立物的目的在于，使得不可言说在反衬之中变得可以言说，从而在"无"中表达"有"，"无知"中表达"知"，"无为"中表达"为"。对于那些不深入文句进行思考的草率的读者来讲，这一相同形式不断重复的表现手法使得他们厌烦。在这一游戏中对立物之间相互纠缠——或者化解，就如同不存在一般——或者它们之间相互转化："正言若反。"(78)事实上人们发现的是在方法论上其自身尚未意识到的辩证的思维方式，对立物间的相互转化，事物在与他物相互对立中的显现，是对立统一的悖论。这便是老子从根源深处，从冥想中得到的一种言说方式。

当人们寻求确定的知识而总是一再听到转瞬即逝的悖论之时，这种玩弄对立物的游戏的确会令人失望。这一游戏只有当它能够唤起自我根基的时候，才会具有令人信服的力量。如果统摄的根基是从"无"产生出来的"有"，是我们借以把握真理的非认识，是我们通过它而有所作为的"无为"，那么这一有限的悟性自身就仿佛被颠倒了一般。

第三，"道"以及通过"道"的存在，只能在逻辑的循环中进行思考。它并非从其他派生出来的，也不能透过与他物的关系来进行思考。正因为与他物没有关联，处在无之中的有，只能通过自己的存在表达出来;它在非认识中的认识,只能通过自我认识予以表达;它的无为之为,只能通过自我规定得以表现。这一逻辑的循环乃是"道"自身内循环的反映,并非由他物推导而来。这便叫作"道法自然"(25),我是"以此"(21)(以其自身)认识它的,是"以此"(54)(于其自身)来认识它的。如果遮掩被揭去,颠倒被消除,那么意愿便会与"道"相符合,根源从而得以显露。我们期待在根源之中不是"无",而是"其自身"。

这一趋于深入、对立与颠倒的思维方式,这一循环乃是确信接近根源的一种方法。根源便是其中之一。因此在老子的哲学中,并不存在形而上学、伦理学、政治学之间的区别,只是我们在描述他的思想时依次作了这样的划分而已。老子总是将寥寥数语融为一体。因此,他总是从整体上来进行思考——从整体政治学上,从整体伦理学上,从整体形而上学上,也就是说,老子在我们所区分的形而上学、伦理学、政治学中,在看来总是相同的事物中,从根本处把握住其特殊性。在"道"中相结合,便不再分离。离开了"道",便会彼此相分离,成为虚假的整体,进而在对立、意图性以及道德之中使自身绝对化。

2. 效法老子的各色人物

老子是从卓越者或者永恒谈起的。他从统摄出发谈到统摄。如果把他词句中的对象性内容直接作为能够认知的东西并视为行为规范,那么便失去了老子的意义。之所以会产生这样的误解,是因为人们难以把握老子所传达的思维方式。人们常常会将仅用作比喻的东西看作事实，将用作思想运动之主线的东西看作事物对象本身，将对实践根基的暗示理解为有意识的行为的指示。正因为如此，被老子识破了的又无法超越的对不可言说之物进行言说的荒谬，不仅没有朝着不可言说的方向发展，反而更多地被误解为是对存在之对象性的认识，或者作为伦理行为的规定或正确的国家制度的构想。

隐者：老子以其对"道"的思考而超越了这一世界，但他并未离开这一世界，即便他离开了自己的家乡。他凭借着"道"这一根源独自生活在世间。老子对"道"的设想并未进入一种心醉神迷的境地，他并不想在我与世界都不显现的情况下，通过意识的改变来寻找接近根源的入口。从这一点来讲，老子不是神秘主义者。他的思想是要弄清楚一种思维的运动，从而使得人们认识到在所有存在物之中的存在，予以确认，并重又使之成为可能。老子在世间感知着"道"，并推行着"道"。因此，对世界的把握、对伦理道德以及对国家的思考，便成为他哲学的各种形态。

道之虚静在老子的思想中随处可见。这一虚静存在于所有目的、目标之彼岸，是存在的避难所和安全岛，是深渊和安全，是终极和完善。不过，这一虚静并非冷漠的、被动之静，不是植物生命之静，而是在与"道"疏远的世界中，在苦之动荡之中得到的虚静。并且这一虚静还处于孤独的痛苦之中，被迫像愚者一样过着与"道"相疏远的现世生活。

老子的这一虚静的思想引发了本末倒置的误解，老子既然称无欲乃是发现"道"的前提，那么由此便得出了如此颠倒的推论：没有激情的人更接近根源，没有行动的人更亲近根基。老子忍受着,但却不愿意与现世分离。他既没有否定世界,也没有陷入弃绝世界的境地。但从老子的态度中可以看得出,正相反,世界因其堕落而遭到全盘抛弃。这样,他的思想在其意义萎缩变形之后,便为隐士和出家人所采纳。作为隐者他们躲进了深山,居住在山洞之中。在中国,所有与世隔绝的圣者所持有的是与在家庭、乡村以及国家中有秩序的生活相对立的一种古老的生活方式。早在古老的诗集《诗经》中就有赞美孤寂生活的诗篇:"考槃在涧,硕人之宽。独寐寤言……考槃在阿……考槃在陆……。"[291] 这一现象贯穿了修道制度的所有时代。这是道家传统,可以追溯到老子(在佛教传入中国之前便一直如此)。

生活艺术家:道的虚静,相反可以在世间找到,但不论在什么条件下,它都是以特殊的态度从精神上享受生活的一门精湛艺术。真实的现实存在不被理解成是为了实现家庭、职业以及国家义务的某一使命,而是被看作在不用太认真对待的现实面前,一种通过适应以及灵活变化而达到自我固守的处境。这一主张要求在生活的美中持有虚静的高超艺术。有一个古老的故事,讲述了三位饮醋者:醋乃生活的象征。孔子发现醋是酸的,佛陀说是苦的,而老子则说是甜的。[292] 因此老子在很长一段时间中为儒家所攻击,他们认为进入艺术的生活准则乃是偏离了的现实存在,就像朱熹所说,尽管老子只是谈论无、清静、无为以及谦让,但他总是想着自身的利益,似乎从不与人争,并且总是带着满足的微笑。[293]

文学家:庄子是老子最有名的后继者。他的著作跟《道德经》不同,译文很容易读懂,《庄子》一书巧妙风趣,引人入胜,形象生动,在那里文义犀利的语句与流水般叙事的倾向一同存在,其思想的叙述形式变化多端。庄子的独创性以及形象的想象力是同轶事、谈话以及场景联系在一起的。

不过他与老子的差异还是很大的。老子以其根源性、严肃性、朴实性、深沉的苦难以及宁静的真理吸引着我们。与老子相反，庄子却以惊人之笔让读者惊叹不已，俨然一副讽刺家、怀疑家的面孔，他把老子的思想拿来用作他进行文学创作的素材。从中我们可以感觉得到其作品形成中的意图。因此，老子的每一句话在其本来意义上都发生了变化。那些令人痛苦不堪的悖论，那种为了尝试不可能事物而进行的不可或缺的迂回曲折，以及有可能通过上面提到的形式，以闻所未闻的强有力的方式所谈及的事物，现在都变成了这位智者的文学手法和艺术家的生活了。因此，我们只有通过不断地思考才可以接近老子，他是取之不尽的源泉。而庄子给人以自然就可以理解的假象，其中所继承的老子的一点点真正的思想，实际上也早已遗失殆尽了。

老子整体的调子是平和，而庄子则富有论战性，充满了傲慢之气以及嘲讽的蔑视。老子所论柔弱之强，低下之物的温和之力，总是像水一样往下流到最为人们轻视的地方，这些作为他固有的风格而随处得以表现，而庄子似乎并不懂得这些。老子在世间承受着远离"道"的无尽痛苦。庄子只是述说着由于流转和死亡而产生的人类的自然悲哀，在无益的提问中悲叹：从哪儿来，到哪儿去以及为什么？

庄子那令人赞叹的独创性，他对世界与现实，对语言，对各种各样的心理状态的深入思考，以及他那丰富的内涵使其成为了中国最让人感兴趣的文学家之一。不过，千万不要把他与老子相混淆,也不要把他理解为老子的合格解读者。

术士:想要通过呼吸的技巧(就如同全世界的神秘主义者一样)以达到最深的觉悟状态的道教徒们,把老子奉作祖师爷。那些炼制或想找到仙丹、长生不老灵液的人,那些可以驾云腾雾、无处不至的术士也都奉老子为祖师。

暴力政治家:高尚之士们那些有关"道"以及善恶彼岸的语句,由于被曲解为在不受规范和道德约束的原则下与人交往,从而被剥夺了其原有的含义。反叛者们把永远真实的状态——和平的、合乎"道"地生活在无政府状态下的宁静,按照他们的意图而故意颠倒过来,以武力来达到这种宁静。一位儒家学者曾批评说,老子把人看成是陶俑。他的心常保持冰冷状态,即使有人被杀,他也不会产生怜悯之心。因此老子的信奉者,常常受到诱惑而参加暴动及欺骗活动。[294]

公元前3世纪,暴君秦始皇帝所实施的史无前例的整体计划化(totale planung),使得中华帝国按照他不断增强的意图发生了变化,生活变得机械刻板。他下令焚毁了儒家的著作,只保留了军事、农业及其他对他有用的书籍,譬如道教的著作。为了使自己能长生不老,他曾派遣探险队到东海的岛屿去寻求长生不老之灵液。[295]这位统治者乃是道教信徒,这一事实颇值得思考。可见,最为深刻的思想家也会遭到最为极端的颠倒。

3. 老子在历史上的地位及其局限性

老子的历史地位基于一部甚为古老的匿名传说,他的成就在于深化了神秘主义的见解，并以哲学思想超越了它。这一思维的根源性是跟老子的名字联系在一起的。在他之后不仅出现了以高雅的文学形式使他的思想变得更容易为人们所接受的转变，而且也产生了对他的言论所进行得很明显的迷信和歪曲。但是老子依然是唤醒这一真正哲学的人。

从世界史的角度来看，老子的伟大是同中国的精神结合在一起的。老子的局限性正是这一精神的局限性：在任何的苦痛之中，老子都保持着乐观的心境。在这一心境之中，人们既不知道佛教轮回给人构成的威胁，因此没有想要逃出这痛苦之轮的内在的强烈渴望，也没有认识到基督教的十字架，那种对回避不了的原罪的恐惧，以及对上帝让人子以牺牲自己来救赎人类原罪恩典的依赖。中国既没有印度人以及西方人在世界史中的存在观，也缺乏非自然和荒诞的东西，似乎这些早期的中国人很幸运，逃脱了恐怖幻想诸形态的摆布，而这些幻想是可能在中国人自然性的范围内得以出现的。中国精神可以如此无限地感慨，但是它在对事物的根基表示谴责的时候并未显示出愤怒来，面对具有一定的启示性权威的不可理解的事物，并未表现出惊慌失措的顺从，这是一种多么不可思议的魅力。尽管如此，中国人是有其局限性的。他们本质上的魅力对我们来讲仍然是陌生的，就好像恐怖的深渊在中国人那里还没有彻底展开一样。中国人不仅没有创造出文学上的悲剧，而且他们很难接近悲剧，尽管他们能全面地看到，并深深地体验到不幸。

今天我们又如何来理解老子的这一局限性呢？跟人类社会上所有最伟大的哲学家一样，老子并没有把自己的思想囿于已知的事物,而是从统摄之中捕捉着思考的源泉。他那延伸至最深远处的思想真可谓无所不包。老子本人并不能被归于神秘主义者、伦理学家、政治家的范畴。老子的"道"是在超越了所有有限性时达到的最深层次的宁静,而有限本身,只要它们是真实的、现实的,也都充满着"道"。那么,"做哲学"便活在了世间,进入了世界的根源之中。此类做哲学的界限只有通过那些被超越之物在出现或不出现时,通过作为在时间性意识中不可避免的现实中间环节时,才显露出来。因为这些中间环节乃是进行超越的阶梯,或者说是使现实得以成为当下的方式,也正是借助于现实,根源才会被体验得到。这些中间环节在超越之中予以保留,并赋予如果没有它们的存在就将变成空虚的超越以内容。在老子那里所感觉得到的局限并非在他哲学思想之巅峰,而是处于这些中间阶段里。

这一将所有中间环节寓于其中的根本见解或许可以用简短的形式概括为:对于中国精神来讲,世界乃是自然生起的现象、生机勃勃的循环、安静运动着的宇宙。所有对整体"道"的偏离都只是暂时的、瞬息即逝的,终究还是要回归至不朽的"道"那里去。对于西方人来讲,世界自身并不是封闭的,确切地讲这同源自世界而无法理解的自然现象有关。世界和我们的精神处于同自身以及与他人搏斗的紧张状态之中,它们在进行着决定性的搏斗,并且拥有无与伦比的历史内涵。老子并不认识那位提出要求,正在发着怒,正在战斗并想要战斗的上帝的暗号。

在世界上,时间中,有限性中——在中间阶段的领域——老子所缺少的,正是我们所不可避免的:充满生机的问答以及新的提问,选择、决定、决断。这一悖论的基本现实性即在时间中判断何谓永恒的重要性。因此，老子缺乏与"道"之中的终极之虚静不同的、在时间之中不停运动着的、自我反省的开端；缺乏自我澄明、自我交往，无法驱除一再要出现的自我欺骗、隐蔽及颠倒。

参考文献

I. 原典(Quellen)

中国经典(Chinesischer Kanon)

《孔子》

1. Dire fünf kanonischen Bücher: *Schu-king*, *Schi-king*, *I-king*, *Liki*, *Tschun-thsiu*.

   (五经:《书经》《诗经》《易经》《礼记》《春秋》)

2. Die Konfuzianischen Schriften: *Ta-hio*, *Lun-yü*, *Tschung-yung*, *Schriften des Meng-tse*.

   (四书:《大学》《论语》《中庸》《孟子》)

3. *Schi-king*; *das kanonische Liederbuch der Chinesen*, deutsch v. V. v. Strauß, Heidelberg, 1880.

   (《诗经》,史陶斯德译本,海德堡,1880 年)

4. *I-King*, *das Buch der Wandlungen*, deutsch v. R. Wilhelm, Jena o. J. 1923.

   (《易经》,卫礼贤德译本,耶拿,1923 年)

5. *Kung Fu Tse*, *Gespräche* (*Lun Yü*), deutsch von R. Wilhelm, 2. Aufl. Jena, 1914.

   (《论语》,卫礼贤德译本,第 2 版,耶拿,1914 年)

6. *Li Gi*, *das Buch der Sitte* (darin: *Ta-hio*, *Tschung-Yung*), deutsch v. R.

Wilhelm，Jena，1930.

（《礼记》，其中包括《大学》《中庸》，卫礼贤德译本，耶拿，1930 年）

7. *Schu-king*，englisch übers. v. J. Legge，Oxford，1879.

（《书经》，理雅各英译本，牛津，1879 年）

8. Hans Haas：*Das Spruchgut Kung-tszes und Lao-tszes in gedanklicher Zusammenordnung*，Leipzig，1920.

（汉斯·哈斯：《孔子和老子的分类箴言集》，莱比锡，1920 年）

《老子》

1. *Tao te King*，deutsch mit Kommentar und Einleitung v. V. v. Strauß，1870，Neudruck Leipzig，1924.

（《道德经》注释及解说，史陶斯德译本，莱比锡，1924 年）

2. *Tao te King*，aus dem Chinesischen übers.，mit Einleitung versehen und erläutert v. J. Grill，Tübingen，1910.

（《道德经》解说及注释，格利尔德译本，蒂宾根，1925 年）

3. *Tao te King*，deutsch v. R. Wilhelm，Jena，1915.

（《道德经》，卫礼贤德译本，耶拿，1915 年）

4. *Tao te King*，deutsch v. J. S. Weiß，Leipzig o. J.

（《道德经》，魏斯德译本，莱比锡，无出版年代）

5. *Laotse*，herausgegeben v. Lin Yutang；aus dem Englischen ins Deutsche übers.，Frankfurt a. M. o. J. (1955).

（《老子》，林语堂英文著作的德译本，法兰克福，1955 年）

II. 研究文献（Literatur）

1. Chantepie de la Saussaye：*Lehrbuch der Religionsgeschichte： vierte*，

vollständige neu bearbeitete Auflage，hrsg. v. A. Bertholet u. E. Lehman，
2 Bde.，Tübingen，1925.

（索赛：《宗教史读本》，蒂宾根，1925 年）

2. Crow，Carl：*Konfuzius*，*Staatsmann*，*Heiliger*，*Wanderer*（Original：
Master Kung），Deutsch Berlin，1939.

（克柔：《孔子：政治家、圣人和游历者》，英文《孔子》的德译本，柏林，1939 年）

3. Forke，Alfred：

a. *Geschichte der alten chinesischen Philosophie*，Hamburg，1927.

（佛尔克：《古代中国哲学史》，汉堡，1927 年）

b. *Geschichte der mittelalterlichen chinesischen Philosophie*，Hamburg，1934.

（佛尔克：《中世纪中国哲学史》，汉堡，1934 年）

c. *Geschichte der neueren chinesischen Philosophie*，Hamburg，1938.

（佛尔克：《近代中国哲学史》汉堡，1938 年）

4. Franke，O.：

Geschichte des chinesischen Reiches，4 Bde.，Berlin，1930 - 1948.

（福兰阁：《中华帝国史》，4 卷本，柏林，1930—1948 年）

5. Gabelentz，Georg von der：

Confuzius und seine Lehre，Leipzig，1888.

（贾柏连孜：《孔子及其学说》，莱比锡，1888 年）

6. Granet，Marcel：

a. *La civilisation chinoise*，Paris，1929.

（葛兰言：《中国的文明》，巴黎，1929 年）

b. *La pensée chinoise*，Paris，1934.

（葛兰言：《中国的思想》，巴黎，1934 年）

7. Groot，J. J. M. de：

Universismus—Die Grundlagen der Religion und Ethik，*des Staatswesens und der Wissenschaften Chinas*，Berlin，1918.

（高延：《天人合一说——中国的宗教与伦理、国家制度以及学术的基础》，柏林，1918 年）

8. Grube，Wilhelm：

Geschichte der chinesischen Literatur，Leipzig，1909.

（葛禄博：《中国文学史》，莱比锡，1909 年）

9. Hackmann，Heinrich：

a. *Chinesische Philosophie*，München，1927.

（哈克曼：《中国哲学》，慕尼黑，1927 年）

b. *Der Zusammenhang zwischen Schrift und Kultur in China*，München，1928.

（哈克曼：《中国文字与文化间的关系》，慕尼黑，1928 年）

10. Wilhelm，Richard：

a. *Kungtse*，Stuttgart，1925.

（卫礼贤：《孔子》，斯图加特，1925 年）

b. *Kungtse und der Konfuzianismus*，Berlin，1928.

（卫礼贤：《孔子与儒家》，柏林，1928 年）

c. *Chinesische Philosophie*，Breslau，1929.

（卫礼贤：《中国哲学》，布莱斯劳，1929 年）

11. Zenker，E. V.：

Geschichte der chinesischen Philosophie，2 Bde.，Reichenberg，1926 - 1927.

（岑克：《中国哲学史》，2 卷本，莱辛贝尔格，1926—1927 年）

译 注

《孔子》

[1] 雅斯贝尔斯在这里举出了施狄勃(Rudolf Stübe)的名字,但在书后"参考文献"中并没有列出施狄勃的任何著作,我猜测,他所参考的应当是:Rudolf Stübe, *Das Zeitalter des Confucius*. Tübingen:Verlag von J. C. B. Mohr(Paul Siebeck),1913。

[2] 以上原典及研究文献,请参阅书后"参考文献"部分(本书第97—100页)。

[3] 据《史记·孔子世家》记载:"孔子晚而喜易,序彖、系、象、说卦、文言。读易,韦编三绝。"(《史记》,第1937页)(《史记》,北京:中华书局,1959年,以下引文只注明页数)

[4] 据《史记·孔子世家》记载,孔子年轻时曾同南宫敬叔一道前往周王室问礼于老子,辞别时老子赠言于孔子。(《史记》,第1909页)

[5] 雅斯贝尔斯有关孔子生平的叙述,大都出自"参考文献"。

[6] 有关孔子的生年有两种说法,一说孔子生于鲁襄公二十一年(《公羊传》和《穀梁传》持此说,即公元前551年),一说生于鲁襄公二十二年(《史记·孔子世家》持此说,即公元前550年),实际上相差仅一年。

[7]《史记·孔子世家》:"丘生而叔梁纥死,葬于房山。"(《史记》,第1906页)其中并没有说明孔子当时的年龄。另据《孔子家语》记载:"孔子三岁,而叔梁纥卒。"(《孔子家语》下册,上海:源记书庄,1925年,《本姓解第三十九》,第69页)

［8］《史记·孔子世家》："孔子为儿嬉戏，常陈俎豆，设礼容。"（《史记》，第 1906 页）

［9］这句话的根据不知道在哪里。孔子有一个儿子名鲤，字伯鱼，《论语》中 5 次提到他。从孔子将女儿嫁给公冶长的事实（《论语·公冶长》）可以知道孔子有一个女儿，但另一个女儿是谁，却无从查找。

［10］《史记·孔子世家》："孔子长九尺有六寸，人皆谓之'长人'而异之。"（《史记》，第 1909 页）

［11］据《史记》记载，孔子成年后，曾经在季氏门下做小吏，管理仓库，计算得很是均等精确；又曾担任主管畜牧的小吏，使牲畜繁殖兴旺。（《史记》，第 1909 页）与此相关的记载尚见《孟子·万章下》。

［12］《史记·孔子世家》："鲁大夫孟釐子病且死，诫其嗣懿子曰：'孔丘，圣人之后，灭于宋。……今孔丘年少好礼，其达者欤？吾即没，若必师之。'"（《史记》，第 1907—1908 页）

［13］孔子 35 岁的时候，鲁昭公的军队在攻击季平子、孟孙氏、叔孙氏的时候打了败仗，亡命到了齐国。其后不久，孔子也跟着到了齐国。（《史记》，第 1910 页）

［14］《史记·孔子世家》："其后定公以孔子为中都宰，一年，四方皆则之，由中都宰为司空，由司空为大司寇。……定公十四年，孔子五十六，由大司寇行摄相事。"（《史记》，第 1915、1917 页）

［15］指的是齐景公。这件事在《论语·微子》《史记·孔子世家》以及《韩非子·内储说》中均有记载。

［16］孔子离开陈国经过蒲乡时，遇上公孙叔氏占据蒲举行叛乱，蒲人拘禁了孔子。蒲人对孔子说："你如果不去卫国，我放你走。"孔子对蒲人起了誓，于是孔子从东门被放了出来。之后孔子还是到了卫国。子贡问他："盟誓可以违背吗？"孔子回答说："强迫订的盟约，神是不会过问的。"（《史记》，第 1923 页）

　　[17] 这句话未查到出处。据《史记·孔子世家》记载，孔子居住在卫国的时候，卫灵公与夫人南子同乘一车，宦官雍渠做正驾车手，出宫后，让孔子坐在副驾车手的位子上，大摇大摆走过街市。(《史记》，第 1920—1921 页)另据冯梦龙、蔡元放《东周列国志》的记载，卫灵公和南子同乘一辆车子出门，孔子乘另一辆车子作陪。走过街市的时候，听到有人唱起歌来："同车者色耶? 从车者德耶?"(第七十九回　归女乐黎弥阻孔子　栖会稽文种通宰嚭/通行本)

　　[18]《史记·孔子世家》(《史记》，第 1920 页)以及《论语·雍也》对此均有记载："子见南子，子路不说。"

　　[19]《论语·公冶长》："子在陈，曰:'归与! 归与! ……'"(本注释所使用的包括《论语》在内的"十三经"的版本，系阮元校刻本。)

　　[20] 此处出典不详。

　　[21]《论语·宪问》："曰:'是知其不可为而为之者与?'"

　　[22]《史记·孔子世家》："孔子因叹，歌曰:'太山坏乎! 梁柱摧乎! 哲人萎乎!'"(《史记》，第 1944 页)

　　[23]《史记·孔子世家》："天下无道久矣，莫能宗予。"(《史记》，第 1944 页)另据《礼记·檀弓上》："夫明王不兴，而天下其孰能宗予，予殆将死也。"

　　[24]《论语·卫灵公》："子曰:'吾尝终日不食，终夜不寝，以思，无益，不如学也。'"

　　[25]《论语·为政》："学而不思则罔，思而不学则殆。"

　　[26]《论语·述而》："述而不作，信而好古。"

　　[27]《论语·泰伯》："大哉尧之为君也! 巍巍乎! 唯天为大，唯尧则之。"

　　[28] 原文误作公元前 12 世纪。

　　[29]《中庸》："愚而好自用，贱而好自专，生乎今之世，反古之道。如此者，灾及其身者也。"

　　[30]《论语·宪问》："吾见其居于位也，见其与先生并行也，非求益者也，欲速成者也。"

[31]《论语·子张》："子夏曰:'日知其所亡,月无忘其所能,可谓好学也已矣。'"

[32]《论语·子罕》："可与共学,未可与适道;可与适道,未可与立;可与立,未可与权。"雅斯贝尔斯所使用的这一译文,跟原文的意思相差较大。孔子这段话的一般解释是:可以在一起学习的人,未必就可以一起达至目标;可以一起达至目标的人,未必可以以礼而立于世;可以以礼而立于世的人,未必可以一起通权达变。

[33]《论语·雍也》："力不足者,中道而废,今女画。"

[34]《论语·卫灵公》："过而不改,是谓过矣。"

[35]《论语·雍也》："有颜回者好学,不迁怒,不贰过。"

[36]《论语·述而》："不愤不启,不悱不发。举一隅不以三隅反,则不复也。"

[37]《论语·为政》："吾与回言终日,不违,如愚。退而省其私,亦足以发,回也不愚。"

[38]《论语·卫灵公》："吾之于人也,谁毁谁誉? 如有所誉者,其有所试矣。"

[39]《论语·述而》："我非生而知之者,好古,敏以求之者也。"

[40]《论语·里仁》："见贤思齐焉,见不贤而内自省也。"

[41]《论语·述而》："多闻,择其善者而从之;多见而识之;知之次也。"

[42]《论语·为政》："吾十有五而志于学,三十而立,四十而不惑,五十而知天命,六十而耳顺,七十而从心所欲,不逾矩。"

[43]《论语·子路》："诵诗三百,授之以政,不达;使于四方,不能专对;虽多,亦奚以为?"

[44]《论语·阳货》："小子何莫学夫诗? 诗,可以兴,可以观,可以群,可以怨。迩之事父,远之事君。多识于鸟兽草木之名。"

[45]《论语·为政》："诗三百,一言以蔽之,曰:'思无邪。'"

[46]《论语·阳货》："好仁不好学,其蔽也愚;好知不好学,其蔽也荡;好信不好学,其蔽也贼;好直不好学,其蔽也绞;好勇不好学,其蔽也乱;好刚不好学,其蔽也狂。"雅斯贝尔斯所引的是间接引文,他将原文的顺序也做了调整。

[47] 此句话的出处不明。疑为《论语·泰伯》"民可使由之,不可使知之"一句的意译。

[48]《论语·泰伯》："兴于诗,立于礼,成于乐。"

[49]《论语·颜渊》："克己复礼为仁。"

[50]《论语·卫灵公》："君子义以为质,礼以行之……君子哉!"

[51]《论语·雍也》："质胜文则野,文胜质则史。"

[52] 疑为《论语·学而》："礼之用,和为贵。……有所不行,知和而和,不以礼节之,亦不可行也。"

[53]《论语·八佾》："人而不仁,如礼何?"

[54]《论语·八佾》："居上不宽,为礼不敬,临丧不哀,吾何以观之哉?"

[55]《论语·先进》："先进于礼乐,野人也;后进于礼乐,君子也。如用之,则吾从先进。"

[56]《论语·八佾》："赐也! 尔爱其羊,我爱其礼。"

[57]《论语·卫灵公》："乐则韶舞,放郑声,远佞人,郑声淫,佞人殆。"

[58]《礼记·乐记》："知乐,则几于礼矣。"

[59]《礼记·乐记》："大乐必易,大礼必简。乐至则无怨,礼至则不争。"

[60]《礼记·乐记》："明则有礼乐,幽则有鬼神。"

[61]《礼记·乐记》："流辟邪散狄成涤滥之音作,而民淫乱。"

[62]《礼记·乐记》："故听其雅颂之声,志意得广焉。"

[63]《论语·八佾》："人而不仁,如乐何?"

[64]《论语·阳货》："恶居下流而讪上者,恶勇而无礼者,恶果敢而窒者。"

[65]《论语·微子》："君子不施其亲。"

[66]《论语·学而》："无友不如己者。"

[67]《论语·子张》："'可者与之，其不可者拒之。'……'君子尊贤而容众，嘉善而矜不能。'"以上乃是子夏的学生向子张询问怎样交朋友的对话，虽记载在《论语》之中，但并非孔子的言论。

[68]《论语·雍也》："(君子)可欺也，不可罔也。"

[69]《论语·颜渊》："君子成人之美，不成人之恶。小人反是。"此注与前注系两处引文，雅斯贝尔斯将这两处引文合二为一了。

[70]《论语·里仁》："里仁为美。择不处仁，焉得知?"

[71]《论语·公冶长》："老者安之，朋友信之，少者怀之。"

[72]《论语·为政》："生，事之以礼；死，葬之以礼，祭之以礼。"

[73]《论语·为政》："今之孝者，是谓能养。至于犬马，皆能有养；不敬，何以别乎?"

[74]《论语·里仁》："事父母几谏，见志不从，又敬不违，老而不怨。"

[75]《论语·子路》："吾党之直者异于是：父为子隐，子为父隐。直在其中矣。"

[76]《论语·学而》："主忠信。无友不如己者。过则勿惮改。"此处，与《论语·子罕》第25节同。

[77]《论语·颜渊》："忠告而善道之。"

[78]《论语·卫灵公》："可与言而不与之言，失人；不可与言而与之言，失言。"

[79]《论语·子罕》："岁寒，然后知松柏之后凋也。"

[80]《论语·先进》："所谓大臣者，以道事君，不可则止。"

[81]《论语·宪问》："勿欺也，而犯之。"

[82]这一句很可能是某一译者对"而犯之"的解释。

[83]《论语·宪问》："邦有道，危言危行；邦无道，危行言孙。"

[84]《论语·微子》："君子不施其亲，不使大臣怨乎不以。故旧无大故，则不弃也。无求备于一人。"

[85]《论语·阳货》："……近之则不孙，远之则怨。"

[86]《论语·阳货》："唯女子与小人为难养也……"

[87]《论语·为政》："道之以政，齐之以刑，民免而无耻；道之以德，齐之以礼，有耻且格。"

[88]《论语·颜渊》："听讼，吾犹人也。必也使无讼乎！"

[89]《论语·颜渊》："子贡问政。子曰：'足食，足兵，民信之矣。'子贡曰：'必不得已而去，于斯三者何先？'曰：'去兵。'子贡曰：'必不得已而去，于斯二者何先？'曰：'去食。'"

[90]《论语·颜渊》："……自古皆有死，民无信不立。'"

[91]《论语·子路》："子适卫，冉有仆。子曰：'庶矣哉！'冉有曰：'既庶矣。又何加焉？'曰：'富之。'曰：'既富矣，又何加焉？'曰：'教之。'"

[92]《论语·尧曰》："因民之所利而利之……择可劳而劳之，又谁怨？……君子无众寡，无大小，无敢慢，斯不亦泰而不骄乎？君子正其衣冠，尊其瞻视，俨然人望而畏之。"

[93]《论语·为政》："为政以德，譬如北辰，居其所而众星共之。"

[94]《论语·宪问》："上好礼，则民易使也。"

[95]《论语·子路》："其身正，不令而行。"

[96]《论语·颜渊》："举直错诸枉，能使枉者直。"这句话的含义是：如果把正直的人提拔上来，处在邪恶的人之上的话，那么就能使邪恶的人也变得正直了。

[97]《论语·子路》："先有司，赦小过，举贤才。"

[98]《礼记·曲礼》："君子不亲恶。""不亲恶"是指君子不原谅恶人恶事，这是公羊学派的学者所发明的春秋笔法。

[99]《论语·阳货》："鄙夫可与事君也与哉？其未得之也，患得之。既

得之,患失之。苟患失之,无所不至矣。"

[100]据《史记·孔子世家》记载,季康子立为鲁国宰相后,想招孔子前来。这时鲁国的大夫公之鱼说:"昔吾先君用之不终,终为诸侯笑。今又用之,不能终,是再为诸侯笑。"季康子终于没有任用孔子,后来按照公之鱼的建议招来了孔子的弟子冉求。(《史记》,第1927页)

[101]《论语·子路》:"无欲速,无见小利。欲速则不达,见小利则大事不成。"

[102]《中庸》:"虽有其位,苟无其德,不敢作礼乐焉;虽有其德,苟无其位,亦不敢作礼乐焉。"

[103]《中庸》:"诚者,天之道也;诚之者,人之道也。诚者不勉而中,不思而得。"

[104]《中庸》:"人一能之己百之,人十能之己千之。果能此道矣,虽愚必明,虽柔必强。"

[105]《论语·里仁》:"君子喻于义,小人喻于利。"

[106]《论语·述而》:"君子坦荡荡,小人长戚戚。"

[107]《论语·为政》:"君子周而不比,小人比而不周。"

[108]《论语·子路》:"君子泰而不骄,小人骄而不泰。"

[109]《论语·卫灵公》:"君子固穷,小人穷斯滥矣。"

[110]《论语·卫灵公》:"君子求诸己,小人求诸人。"

[111]《论语·宪问》:"君子上达,小人下达。"这句的意思是:君子向上通达于仁义,小人则向下通达于财利。

[112]《论语·颜渊》:"君子不忧不惧。"

[113]《论语·卫灵公》:"君子病无能焉,不病人之不己知也。"

[114]《论语·卫灵公》:"君子求诸己。"

[115]《论语·宪问》:"不怨天,不尤人。"

[116]《论语·八佾》:"君子无所争。必也射乎!揖让而升,下而饮。其

争也君子。"

［117］《论语·里仁》："君子欲讷于言而敏于行。"

［118］《论语·为政》："先行其言而后从之。"

［119］《论语·季氏》："君子有三畏：畏天命，畏大人，畏圣人之言。"

［120］《中庸》："君子之道，辟如行远必自迩。"

［121］《中庸》："君子之道，造端乎夫妇；及其至也，察乎天地。"

［122］《中庸》："君子素其位而行，不愿乎其外。素富贵，行乎富贵；素贫贱，行乎贫贱；素夷狄，行乎夷狄；素患难，行乎患难，君子无入而不自得焉。"

［123］《中庸》："国有道，不变塞焉……国无道，至死不变……"

［124］《论语·微子》："鸟兽不可与同群，吾非斯人之徒与而谁与？"

［125］《论语·微子》："不仕无义。长幼之节，不可废也；君臣之义，如之何其废之？欲洁其身，而乱大伦。"

［126］《论语·微子》："虞仲、夷逸，隐居放言，身中清，废中权。我则异于是，无可无不可。"

［127］《论语·微子》："天下有道，丘不与易也。"

［128］《论语·里仁》："唯仁者能好人，能恶人。"

［129］《论语·阳货》："能行五者于天下为仁矣。……恭、宽、信、敏、惠。恭则不侮，宽则得众，信则人任焉，敏则有功，惠则足以使人。"

［130］《论语·雍也》："仁者先难而后获，可谓仁矣。"

［131］《论语·雍也》："中庸之为德也，其至矣乎！"《中庸》之中也有同样的句子。

［132］《中庸》："喜怒哀乐之未发，谓之中；发而皆中节，谓之和。"

［133］《中庸》："莫见乎隐，莫显乎微，故君子慎其独也。"

［134］《中庸》："舜其大知也与！……隐恶而扬善，执其两端，用其中于民，其斯以为舜乎！"

［135］《中庸》："宽柔以教，不报无道，南方之强也，君子居之。衽金革，

死而不厌，北方之强也，而强者居之。故君子和而不流，强哉矫！中立而不倚，强哉矫！"

[136]《中庸》："天下国家可均也，爵禄可辞也，白刃可蹈也，中庸不可能也。"

[137]《论语·阳货》："性相近也，习相远也。"

[138]《论语·季氏》："君子有三戒：少之时，血气未定，戒之在色；及其壮也，血气方刚，戒之在斗；及其老也，血气既衰，戒之在得。"

[139]《论语·子罕》："四十五十而无闻焉，斯亦不足畏也已。"

[140]《论语·阳货》："年四十而见恶焉，其终也已。"

[141]《论语·阳货》："唯上知与下愚不移。"

[142]《论语·里仁》："人之过也，各于其党。观过，斯知仁矣。"

[143]《论语·雍也》："知者乐水，仁者乐山；知者动，仁者静；知者乐，仁者寿。"

[144]《大学》："致知在格物。"

[145]《大学》："物有本末，事有终始。"

[146]《大学》："所谓诚其意者：毋自欺也。"

[147]《大学》："十目所视，十手所指，其严乎！"

[148]《论语·颜渊》："内省不疚，夫何忧何惧？"

[149]《大学》："物格而后知至，知至而后意诚，意诚而后心正，心正而后身修，身修而后家齐，家齐而后国治，国治而后天下平。"

[150]《大学》："自天子以至于庶人，壹是皆以修身为本。"

[151]《大学》："其家不可教而能教人者，无之。"

[152]《大学》："一家仁，一国兴仁。"

[153]《论语·子罕》："子绝四：毋意、毋必、毋固、毋我。"

[154]《论语·里仁》："君子之于天下也，无适也，无莫也，义之与比。"

[155]《论语·卫灵公》："君子矜而不争，群而不党。"

[156]《论语·子路》:"君子于其所不知,盖阙如也。"

[157]《论语·卫灵公》:"君子贞而不谅。"

[158]《论语·子路》:"君子和而不同,小人同而不和。"

[159]《论语·卫灵公》:"君子矜而不争。"

[160]《论语·卫灵公》:"'有一言而可以终身行之者乎?'子曰:'其恕乎! 己所不欲,勿施于人。'"

[161]《大学》:"所恶于上,毋以使下……所恶于右,毋以交于左。"

[162]《论语·雍也》:"夫仁者,己欲立而立人,己欲达而达人。"这实际上仍然是孔子的话,而雅斯贝尔斯却把它作为孔子弟子的话来看待了。

[163]《论语·宪问》:"何以报德? 以直报怨,以德报德。"

[164]《论语·子路》:"先之劳之。……无倦。"

[165]《论语·泰伯》:"民可使由之,不可使知之。"

[166]《论语·颜渊》:"君子之德风,小人之德草,草上之风,必偃。"

[167]《论语·泰伯》:"不在其位,不谋其政。"

[168]《论语·子张》:"'可者与之,其不可者拒之。'……而矜不能。"在这里,雅斯贝尔斯将子夏交友的观点与子张的主张混在一起了。实际上,在这一段子夏的门人与子张的对话中,子张是以其"君子尊贤而容众,嘉善而矜不能"来批判子夏所谓"可者与之,其不可者拒之"的观点的。

[169]《论语·卫灵公》:"众恶之,必察焉;众好之,必察焉。"

[170]《论语·子路》:"'乡人皆好之,何如?'子曰:'未可也。''乡人皆恶之,何如?'子曰:'未可也。不如乡人之善者好之,其不善者恶之。'"

[171]《论语·颜渊》:"齐景公问政于孔子。孔子对曰:'君君,臣臣,父父,子子。'"

[172]《论语·宪问》:"有德者必有言,有言者不必有德。"

[173]《论语·子路》:"名不正,则言不顺;言不顺,则事不成;事不成,则礼乐不兴;礼乐不兴,则刑罚不中;刑罚不中,则民无所措手足。"

[174]《论语·子路》："故君子名之必可言也，言之必可行也。君子于其言，无所苟而已矣。"

[175]《论语·卫灵公》："女以予为多学而识之者与？……非也，予一以贯之。"

[176]《论语·里仁》："吾道一以贯之。"

[177] 雅斯贝尔斯的这一解释的根据不知道是什么。《论语·里仁》："曾子曰：'夫子之道，忠恕而已矣。'"在这里，"忠"无论如何也是不可能解释为"中庸"的"中"的。孔子给"恕"下的定义是："己所不欲，勿施于人。"而"忠"则是"恕"的积极一面，乃是："己欲立而立人，己欲达而达人。"

[178]《论语·尧曰》："不知命，无以为君子也；不知礼，无以立也；不知言，无以知人也。"

[179]《论语·子罕》："'大哉孔子，博学而无所成名。'子闻之，谓门弟子曰：'吾何执？执御乎，执射乎？吾执御矣。'"

[180]《论语·卫灵公》："无为而治者，其舜也与？夫何为哉？恭己正南面而已矣。"

[181]《论语·为政》："知之为知之，不知为不知，是知也。"

[182]《论语·述而》："德之不修，学之不讲，闻义不能徙，不善不能改，是吾忧也。"

[183]《论语·公冶长》："已矣乎，吾未见能见其过而内自讼者也。"

[184]《论语·子罕》："吾未见好德如好色者也。"

[185]《论语·述而》："圣人，吾不得而见之矣；得见君子者，斯可矣。……善人，吾不得而见之矣。"

[186]《论语·微子》："道之不行，已知之矣。"《中庸》："道之不明也，我知之矣。"

[187]《论语·述而》："二三子以我为隐乎？吾无隐乎尔。"

[188]《论语·述而》："子不语怪、力、乱、神。"

[189]《论语·为政》:"非其鬼而祭之,谄也。"

[190]《论语·先进》:"未能事人,焉能事鬼?"

[191]《论语·雍也》:"务民之义,敬鬼神而远之,可谓知矣。"

[192]《论语·八佾》:"或问禘之说。子曰:'不知也。知其说者之于天下也,其如是诸斯乎!'指其掌。"

[193]《礼记》:"心怵而奉之以礼,是故唯贤者能尽祭之义。"

[194]《论语·乡党》:"虽疏食菜羹,瓜祭,必齐如也。"

[195]《论语·泰伯》:"巍巍乎,唯天唯大。"

[196]《论语·阳货》:"四时行焉,百物生焉,天何言哉?"

[197]《论语·颜渊》:"死生有命,富贵在天。"

[198]《论语·雍也》:"亡之,命矣夫! 斯人也而有斯疾也! 斯人也而有斯疾也!"

[199]《论语·宪问》:"道之将行也与,命也;道之将废也与,命也。"

[200]《论语·八佾》:"获罪于天,吾所祷也。"

[201]《论语·述而》:"丘之祷久矣。"

[202] 哈斯在《孔子自述》(*Konfuzius in Worten aus seinem eigenen Mund*)中所讲的日本人是菅原道真。实际上他所引用的这首出自《歌林四季物语》中的和歌,并非菅原道真所作。

[203]《论语·颜渊》:"死生有命。"

[204]《论语·颜渊》:"自古皆有死。"

[205]《论语·子罕》:"苗而不秀者有矣夫! 秀而不实者有矣夫!"

[206]《论语·里仁》:"朝闻道,夕死可矣。"

[207]《论语·子罕》:"欺天乎! 且予与其死于臣之手也,无宁死于二三子之手乎! 且予纵不得大葬,予死于道路乎?"

[208]《论语·泰伯》:"鸟之将死,其鸣也哀;人之将死,其言也善。"

[209]《论语·先进》:"未知生,焉知死?"

[210]《说苑·辨物》："子贡问孔子：'死人有知无知也？'孔子曰：'吾欲言死者有知也，恐孝子顺孙，妨生以送死也。欲言无知，恐不孝子孙，弃不葬也。赐欲知死人有知将无知也，死徐自知之，犹未晚也。'"（中华书局据明刻本校刊之"四部备要"本《说苑》，卷第十八，11b。《孔子家语》中也有同样的记载）

[211]《论语·子罕》："文王既没，文不在兹乎？天之将丧斯文也，后死者不得与于斯文也；天之未丧斯文也，匡人其如予何？"

[212]《论语·述而》："甚矣吾衰也！久矣吾不复梦见周公！"

[213]《论语·子罕》："凤鸟不至，河不出图，吾已矣夫！"

[214] 鲁哀公14年，鲁公室狩猎获麟，孔子曰："予之于人犹麟之于兽也，麟出而死，吾道穷矣。"（《孔丛子·记问》）

[215]《论语·述而》："文，莫吾犹人也，躬行君子，则吾未之有得。"

[216]《论语·述而》："抑为之不厌，诲人不倦，则可谓云尔已矣。"

[217]《论语·雍也》："予所否者，天厌之！天厌之！"

[218] 孔子离开陈国经过蒲乡时，遇上公孙叔氏凭借蒲举行叛乱，蒲人拘禁了孔子。蒲人对孔子说："你如果不去卫国，我放你走。"孔子对蒲人起了誓，于是孔子从东门被放了出来。孔子还是到了卫国。子贡问他："盟可负邪？"孔子回答说："要盟也，神不听。"（《史记》，第1923页）

[219] 孔子到郑国时，曾与弟子们走散。孔子于是独自一人站在城外东门张望。郑国有人对子贡说："东门有人，其颡似尧，其项类皋陶，其肩类子产，然自腰以下不及禹三寸，累累若丧家之狗。"后来子贡把实情告诉了孔子，孔子高兴地笑道："形状，末也。而谓似丧家之狗，然哉！然哉！"（《史记·孔子世家》，《史记》，第1921—1922页）

[220] 这段引文的出处不明。

[221]《论语·述而》："女奚不曰，其为人也，发愤忘食，乐以忘忧，不知老之将至云尔。"

［222］《史记·孔子世家》：(孔子曰)"回，诗云：'匪兕匪虎，率彼旷野。'吾道非邪？吾何为于此？"(《史记》，第 1932 页)

［223］子路。

［224］伯夷、叔齐以及王子比干。

［225］子贡。

［226］颜回。

［227］《史记·孔子世家》："颜回曰：'夫子之道至大，故天下莫能容。虽然，夫子推而行之，不容何病，不容然后见君子！'……孔子欣然而笑曰：'有是哉颜氏之子！使尔多财，吾为尔宰。'"(《史记》，第 1932 页)

［228］《论语·微子》："微子去之，箕子为之奴，比干谏而死。孔子曰：'殷有三仁焉。'"

［229］《史记·孔子世家》："子曰：'弗乎弗乎，君子病没世而名不称焉。吾道不行矣，吾何以自见于后世哉？'"(《史记》，第 1943 页。另见《论语·卫灵公》)

［230］《论语·宪问》："莫我知也夫！……不怨天，不尤人，下学而上达。知我者其天乎！"

［231］《论语·学而》："学而时习之，不亦说乎？有朋自远方来，不亦乐乎？人不知而不愠，不亦君了乎？"

［232］《论语·学而》："不患人之不己知，患不知人也。"

［233］《论语·微子》："楚狂接舆歌而过孔子曰：'……已而，已而！今之从政者殆而！'"

［234］《史记·孔子世家》："聪明深察而近于死者，好讥议人也。"(《史记》，第 1909 页)

［235］《论语·卫灵公》："志士仁人，无求生以害仁，有杀身以成仁。"

［236］这句话的出处不明。

［237］疑为《荀·宥坐篇》："今有其人不遇其时，虽贤，其能行乎？苟

遇其时，何难之有！"（清王先谦荀子集解本）

[238] 疑为《荀子·宥坐篇》："故居不隐者思不远，身不佚者志不广。女庸安知吾不得之桑落之下！"（清王先谦荀子集解本）

[239]《荀子·宥坐篇》："孔子为鲁摄相，朝七日，而诛少正卯。……孔子曰：'……人有恶者五，而盗窃不与焉：一曰心达而险，二曰行辟而坚，三曰言伪而辩，四曰记丑而博，五曰顺非而泽。此五者有一于人，则不得免于君子之诛，而少正卯兼有之。故居处足以聚徒成群，言谈足以饰邪营众，强足以反是独立，此小人之桀雄也，不可不诛也。'"（清王先谦荀子集解本，《孔子家语·始诛》中也有相同的记载）

[240]《庄子·天运》："夫六经，先王之陈迹也，岂其所以迹哉！今子之所言，犹迹也。"（陈鼓应注译：《庄子今注今译》，北京：中华书局，1983 年，第389 页）

[241]《庄子·天运》："夫迹，履之所出，而迹岂履哉！"（《庄子今注今译》，第 389 页）又《庄子·天道》曰："古之人与其不可传也，死矣，然则君之所读者，古人之糟粕已夫！"（《庄子今注今译》，第 358 页）

[242]《庄子·天道》："夫兼爱，不亦迂乎！无私焉，乃私也。夫子若欲使天下无失其牧乎？则天地固有常矣，日月固有明矣，星辰固有列矣，禽兽固有群矣，树木固有立矣。夫子亦放德而行，循道而趋，已至矣；又何偈偈乎揭仁义，若击鼓而求亡子焉？意，夫子乱人之性也！"

[243]《庄子·天运》："夫仁义憯然乃愤吾心，乱莫大焉。……夫鹄不日浴而白，乌不日黔而黑。"

[244]《庄子·天运》："夫播穅眯目，则天地四方易位矣；蚊虻噆肤，则通昔不寐矣。夫仁义憯然乃愤吾心，乱莫大焉。"

[245]《老子》："大道废，有仁义；智慧出，有大伪。"

[246]《庄子·天运》："泉涸，鱼相与处于陆，相呴以湿，相濡以沫，不如相忘于江湖。"

[247]《老子》:"古之善为道者,非以明民,将以愚之。"

[248]《论语·子张》:"仲尼,日月也,无得而逾焉。"

《老子》

[249] 据司马迁《史记·老子韩非列传》(史记·列传第三)记载:"老子者,楚苦县厉乡曲仁里人也,姓李氏,名耳,字聃,周守藏室之史也。……老子修道德,其学以自隐无名为务。居周久之,见周之衰,乃遂去。至关,关令尹喜曰:'子将隐矣,强为我著书。'于是老子乃著书上下篇,言道德之意五千余言而去,莫知其所终。"《史记》第 2139、2141 页。

[250]《庄子·养生主》:"老聃死,秦失吊之,三号而出。弟子曰:'非夫子之友邪?'"(《庄子今注今译》,第 102 页)但从庄子的叙述中并看不出老子是死在家中的,不知雅斯贝尔斯的依据是什么。

[251]《史记·老子韩非列传》:"孔子适周,将问礼于老子。"(《史记》,第 2140 页)另据《史记·孔子世家》载,孔子年轻时曾同南宫敬叔一道前往周王室问礼于老子,辞别时老子赠言于孔子。(《史记》第 1909 页)另,有关问礼的问题,尚见于《礼记》四次(见"曾子问"篇)、《庄子》五次(见"天地"、"天道"、"天运"、"田子方"及"知北游"各篇)、《孔子家语》和《吕氏春秋》("当染篇")中也有记载。参见陈鼓应·《老子注释及评介》,"修订版序",北京:中华书局,1984 年,第 10—11 页。

[252] 梁启超曾经在北京大学哲学社的一次演讲中提到,《老子》一书的成书年代是在战国之末,其论据的第一二条便是,孔、墨、孟都没有提及老子。参见梁启超:《评胡适之中国哲学史大纲》,收入吴兴、沈镕纂:《国语文选》(第一集),上海:大东书局,1931 年(第七版),第 97 页。

[253]《列子·天瑞篇》中有"黄帝书曰"的记载。请参考杨伯峻:《列子集释》,北京:中华书局,1979 年,第 18 页。

[254] *Lao-Tse's Tao Te King*, aus dem Chinesischen ins Deutsche

übersetzt, eingeleitet und commentirt von Victor von Strauß. Leipzig: Verlag von Friedrich Fleischer, 1870.

[255] 老子《道德经》中的大部分引文均已还原成了老子的原话，只是在引文跟原文的意义相差较大的情况下，才予以必要的说明。

[256] "无名天地之始，有名万物之母"一句历来有两种断句法：一、"无，名天地之始；有，名万物之母。"二、"无名，天地之始；有名，万物之母。"严遵《老子注》、王弼《道德真经注》用"有名""无名"作解，前人多循王弼之见。王安石则以"无""有"为读。王安石说："无，所以名天地之始；有，所以名其终，故曰万物之母。"参见容肇祖辑《王安石老子注辑本》，转引自陈鼓应《老子注释及评介》，第 56 页。史陶斯的译本采用的是第一种断句方法，他在译本第一章注释 3 中也提到了另外一种标点的方法：*Lao-Tse's Tao Te King*，S. 6。

[257]《道德经》第 30 章、55 章："物壮则老，是谓不道，不道早已。"在这里雅斯贝尔斯是反其意而用之。

[258]《道德经》第 25 章："人法地，地法天，天法道，道法自然。"

[259]《道德经》第 32 章："道常无名、朴。"第 37 章："吾将镇之以无名之朴。"

[260]《道德经》第 25 章："寂兮寥兮……"

[261]《道德经》第 25 章："独立而不改，周行而不殆，可以为天地母。"

[262]《道德经》第 40 章："反者，道之动。"

[263]《道德经》第 34 章："常无欲。"

[264]《道德经》第 37 章："……夫将不欲。"

[265] 疑为《道德经》第 34 章："功成而不有。"

[266] 荷兰汉学家高延认为中国的宗教、整体思想应当称之为"天人合一说"，因为在这之前经常使用的"儒家学说"（Konfuzianismus）一词仅仅是构成中国整体宗教思想的一部分。中国人认为，宇宙是由天、地、人的统一而产生的，那么中国的宗教可以认为是宇宙的整体保持一种互相协调状态的宗

教。根据这一根本的思想，一方面，宏观宇宙间的所有的现象与微观宇宙间的现象是相互关联的，也就是说，天人之间是相互作用的。因为所有宏观宇宙现象在人类的身体、心灵以及伦理道德生活中都能找到与之相对应的东西，另一方面，人类社会所维持的秩序，同样也是自然界的准绳。参见：Jan Jakob Maria de Groot, *Universismus. Die Grundlage der Religion und Ethik, des Staatswesens und der Wissenschaften Chinas*, Berlin: Reimer, 1918. S. 1-4; Gustav Mensching, *Soziologie der großen Religionen*, Bonn: Röhrscheid, 1966. S.42。

［267］《道德经》第 4 章："道冲，而用之或不盈。"

［268］《道德经》第 25 章："有物混成，先天地生。"

［269］《道德经》第 4 章："象帝之先。"

［270］《道德经》第 11 章："埏埴以为器，当其无，有器之用。凿户牖，以为室，当其无，有室之用。"

［271］《道德经》第 1 章："道可道，非常道；名可名，非常名。无名天地之始，有名万物之母。"

［272］在这句引文后，雅斯贝尔斯忘了注明《道德经》中的章节数。这段引文出自《道德经》第 21 章。

［273］《道德经》第 21 章："孔德之容，惟道是从。"

［274］陈鼓应认为："持之盈之：执持盈满，含有自满自骄的意思。……揣而锐之：捶击使它尖锐，含有显露锋芒的意思。"（《老子注译及评介》，第 93 页）所以在这里，老子所讲的是"知进而不知退、善争而不善让的祸害，叫人要适可而止"（同上书，第 95 页）。而雅斯贝尔斯所采用的史陶斯的解释，与此不同。

［275］这段所描述的是道之呈现，《道德经》第 41 章较长，雅斯贝尔斯只选择了其中的几句。

［276］因王弼以"无欲"、"有欲"作解，后人多依从。德文的译文也是按

照这样的断句翻译的。陈鼓应认为老子的这句话应当断为："故常'无'，欲以观其妙；常'有'，欲以观其徼。"意思是，常从"无"中，去观照"道"的奥妙；常从"有"中，去观照"道"的端倪。史陶斯在译本注 4 中也提到了不同的断句方法：*Lao-Tse's Tao Te King*，S. 7。参见《老子注释及评介》，第 53—63 页。

［277］《道德经》第 35 章："乐与饵，过客止。道之出口，淡乎其无味，视之不足见，听之不足闻，用之不足既。"

［278］在这句引文后，雅斯贝斯忘了注明《道德经》中的章节数。这段引文出自《道德经》第 22 章。

［279］这句引文的原文是："生而不有，为而不恃，长而不宰，是谓玄德。"（第 10 章）因为在第 10 章里跟上下文意义不相关联，所以很可能是第 51 章错简重出。史陶斯在译本注 9 中也谈到了这一点（*Lao-Tse's Tao Te King*，S. 50）。此外，上句出自第 2 章的引文头句，跟这句出自第 10 章的引文的第一句相同，但德文译文却译成了不同的两句话。

［280］在这里，雅斯贝斯并没有全引原文。

［281］《道德经》第 67 章："我有三宝，持而保之。一曰慈，二曰俭，三曰不敢为天下先。"

［282］《道德经》第 14 章："执古之道，以御今之有。"第 15 章："古之善为道者，微妙玄通，深不可识。"

［283］《庄子·天运》，请参见陈鼓应注译《庄子今注今译》，第 389 页。

［284］《道德经》第 27 章："故无弃人。"

［285］《道德经》第 51 章："道之尊，德之贵，夫莫之命而常自然。"

［286］参见《史记·老庄申韩列传》，《史记》，第 2149 页。

［287］《道德经》第 39 章："是以侯王自称孤、寡、不谷。"

［288］"民不畏威，则大威至。无狎其所居，无厌其所生。夫唯不厌，是以不厌。是以圣人自知不自见；自爱不自贵。故去彼取此。"（《道德经》第 72 章）"勇于敢则杀，勇于不敢则活。此两者，或利或害。天之所恶，孰知其故？

是以圣人犹难之。天之道,不争而善胜,不言而善应,不招而自来,坦然而善谋。天网恢恢,疏而不失。"(第73章)"民不畏死,奈何以死惧之?若使民常畏死,而为奇者,吾得执而杀之,孰敢?常有司杀者杀。夫代司杀者杀,是谓代大匠斫。夫代大匠斫者,希有不伤其手矣。"(第74章)

[289]《道德经》第54章:"善建者不拔,善抱者不脱,子孙以祭祀不辍。修之于身,其德乃真;修之于家,其德乃余;修之于乡,其德乃长;修之于国,其德乃丰;修之于天下,其德乃普。"

[290]据《史记·老子韩非列传》记载:"至关,关令尹喜曰:'子将隐矣,强为我著书。'于是老子乃著书上下篇,言道德之意五千余言而去,莫知其所终。"(《史记》,第2139—2141页)

[291]《诗经·国风/卫风》:"考槃在涧,硕人之宽。独寐寤言,永矢弗谖。考槃在阿,硕人之薖。独寐寤歌,永矢弗过。考槃在陆,硕人之轴。独寐寤宿,永矢弗告。"(阮元校刻本)

[292]雅斯贝尔斯在这里所指的是《三酸图》,也被称作《尝醋翁》《三老尝醋》,这是中国古代绘画经典题材,故事最初出自宋代的话本。绘制的三个人物分别是苏东坡、佛印和尚与黄庭坚,三人围着一大醋缸,每人尝了一点醋,之后表情迥异。这三位历史上的真实人物后来被引申为儒家、佛家、道家的代表。

[293]原文疑为:"老子之学大抵以虚静、无为、冲退、自守为事,故其为说常以懦弱谦下为表,以空虚不毁万物为实。其为治虽曰:我无为而民自化……"(朱熹《朱子语类》卷一百二十五·老氏/清吕留良宝诰堂刻本)

[294]这一句的出处应当是:"老子惟静故能知变,然其势必至于忍心无情,视天下之人皆如土偶尔。其心都冷冰冰地了,便是杀人也不恤,故其流多入于变诈刑名。太史公将他与申韩同传,非是强安排,其源流实是如此。"(朱熹《朱子语类》卷一百二十五·老氏/清吕留良宝诰堂刻本)

[295]据《史记·秦始皇本纪》记载,公元前219年,秦代著名方士徐福受秦始皇之令,率童男童女三千人东渡瀛洲,为皇帝寻找长生不老药。

解　说

李雪涛

一、版本和内容的说明

本书译自德国哲学家雅斯贝尔斯(Karl Jaspers)1957 年出版的《大哲学家》(*Die großen Philosophen*，Bd. 1，1957)中关于孔子和老子的两章。《孔子》出自"范式的创造者"(Die massgebenden Menschen，S. 154—185)，《老子》则出自"从根源来进行思考的形而上学家"(Aus dem Ursprung denkende Metaphysiker，S. 898—933)。受日译者田中元的《孔子与老子》(1967)以及峰岛旭雄的《佛陀与龙树》(1960)的启发，我们也将《大哲学家》中的这四位哲学家专门结集，因为对于汉语的读者来讲，雅斯贝尔斯对东方的这四位哲学家的阐释是具有特殊意义的。

尽管从 1937 年开始雅斯贝尔斯就着手计划他的"哲学的世界史"这项工作了，但真正系统地去做，是在第二次世界大战结束后不久，对他来说，哲学史总是与大哲学家们的形象密不可分。雅斯贝尔斯并非要以还原历史的真实为目的，为这些哲学家作传，他也无意完成一部系统的哲学史著作。他是要从我们自己的时代出发，从今天已经变得问题重重的现实存在的角度，重新考察历史上这些大哲学家的世界观,以他们的智慧应对我们今天的危机。为了使哲学史同样焕发今天的活力,曾经从事过心理学和精神病理学研究的雅斯贝尔斯将人类历史上的大哲学家们作为心理学考察的对象,从而建构了一种与哲学家们进行交往的新方式,引导读者与这些历史上的人物进行个人的接触与交流。每一位真正的哲学家都是"存在之整体反照"(ein Widerschein des Ganzen),都是开放的,可以无限地予以解释。[1]雅斯贝尔斯在他的遗稿中写道:"我们想通过做哲学的方式,在历史上将我们自己变为一切根源性思想家的同时代人,换言之,把一切根源性思想家变为我们的同时代人。"[2]

作为实存哲学家的雅斯贝尔斯一生并没有系统学习过哲学,同时他也拒绝将哲学作为一种可以学习的学说,作为一种可以脱离思想者个人的东西。为了实存的真实性,他放弃了一种思维方式,即为了作为事物本身的真理而致力于所谓真正哲学问题的无情客观性。他认为,这种思考是毫无意义的,"做哲学"(Philosophieren)[3]并不存在一种客观的结果(sachliches Resultat)。因此,对于雅斯贝尔斯来说,真理从来没有作为客观上可识别的东西而存在,除非是在积极的科学研究的"正确性"上而言,它只作为主观的生活而存在。

基于以上实存哲学的观点,雅斯贝尔斯认为历史上并不存在能传达客观甚至绝对真理的哲学家,他们仅仅能够呼唤实存的真实性而已。因此在《大哲学家》第一卷的"导论"中,雅斯贝尔斯认为"在一个地方完完全全地听到并认识到的绝对真理是不存在的"。[4]按照雅斯贝尔斯的说法,没有哪位哲学家进入了真理的应许之地。因此，这些哲学家都只借助于"暗号"（Chiffren）来进行思考，在其中永远无法予以命名，永远无法去认识的"超越"（Transzendenz），对绝对真理的永恒超越，永远只能以一种扭曲的、模糊的、神秘的、无法破译的方式被暗示出来。

雅斯贝尔斯以"做哲学"的方式打开了一个哲学史的理性王国，在这样的一个王国中，我们都变成了做哲学的人。《大哲学家》对读者的要求很高，一般来讲，在参与雅斯贝尔斯的讨论之前，读者应当对所讨论的理论和学说已经有一定的了解。本书以及《佛陀与龙树》是《大哲学家》的选篇结集，读者如果想要了解雅斯贝尔斯对"哲学的世界史"的认识，还请阅读《大哲学家》的译本。

二、《孔子》和《老子》的参考文献

从雅斯贝尔斯在《大哲学家》德文版书后所列的"参考文献"（Bibliographie）中，可以找到与《孔子》和《老子》相关的"原典"和"研究文献"，我将其作为"参考文献"附在了本译本的后面。这一部分其实可以看作是一种"研究指南"，从中不仅可以看出雅斯贝尔斯对孔子、老子思想认识的资料来源，同时也可以了解到儒家和道家思想体系的构成。

本书"参考文献"中列出了《孔子》的"原典"，从中可见，雅斯贝尔斯选择的是卫礼贤（Richard Wilhelm）的译本，在德语世界中，这一选择是理所当然的。首先，他的译本是最全的，几乎涵盖了儒、道等中国文化的所有最根本的经典。其次，作为受过西方传统新教神学训练的同善会（Allgemeiner evangelisch-protestantischer Missionsverrein）的传教士，卫礼贤在中国生活了 20 多年，他的大部分译作是跟中国学者共同完成的。《易经》的译本就是他跟清朝"遗老"劳乃宣共同研究《易经》十余年的结晶。尽管他的翻译受到一些专业汉学家,如福兰阁(Otto Franke)、佛尔克(Alfred Forke)的指责,但这丝毫不能减弱它们在德语国家乃至整个西方世界的影响。对卫礼贤的翻译,雅斯贝尔斯也并非一味地盲信,一次他在引用完卫礼贤的译文之后加上了这样一句话:"如果卫礼贤的翻译是恰当的话。"[5]这说明他是以一种批判的态度来运用译本的。在英译本当中,雅斯贝尔斯选择了理雅各(James Legge)的《书经》译本,尽管理雅各的译本在雅斯贝尔斯时代已经是比较老的译本了,但实际上并未过时。理雅各于 1861—1886 年分 28 卷出版的"四书"、"五经"的译本 The Chinese Classics(《中国经典》),迄今已逾一个世纪,但在很大程度上仍被认为是标准的翻译,特别是在英语世界,一直沿用至今。沙畹(Emmanuel-Édouard Chavannes)是 19 世纪末 20 世纪初法国汉学界的巨擘。雅斯贝尔斯所征引的《史记》(130 卷之中的 47 卷)译本,实际上是沙畹在当时清政府驻法的外交官唐在复的帮助下完成的。[6]尽管这部巨著的翻译后来并没有全部完成,但沙畹这部 2353 页的译著在欧洲汉学界和学术界依然产生了巨大影响,为欧洲的中国古代史研究奠定了坚实的基石。法国汉学界的很多学者认为,法国汉学之所以到第二次世界大战之前居于世界领先地位,应当归功于沙畹及其培养出来的一批弟子的共同努力。

从"参考文献"所列《老子》的"原典"中我们可以看出,雅斯贝尔斯选取了当时德语世界中最重要的老子译本。除了史陶斯的译本之外,他还使用了包括格里尔(Julius Grill)、卫礼贤、魏斯(John

Gustav Weiß)、林语堂的译本。

作为蒂宾根大学新教神学的旧约学学者,格里尔的《道德经》译本更多地是从哲学上阐述老子的主张。他指出:"就老子作为一种伦理世界观的创立者而言,在这位中国智者那里,我们可以获得最高的意义尺度。"[7]由于他本人也是印度学家和比较宗教学学者,他一直将不同的宗教和哲学进行比较,在这个译本中,格里尔也一再对耶稣和老子的思想进行比较:"我们在老子那里发现了对耶稣基本伦理思想的最为奇特的预言。但无论人们对这个或那个方面如何做出判断,事实是,两人之间有一种非常奇特的亲缘关系,这证明将老子和耶稣进行比较是有其道理的。基于他们相似的精神状态,一个人的哲学精神与另一个人的宗教精神竟然会神奇的一致。"[8]

实际上早在 1911 年卫礼贤就出版了《道德经》的德文译本,这一译本不仅对后来的雅斯贝尔斯,同样对作家布莱希特(Bertolt Brecht)产生过非同一般的影响。[9]这部译本有长达 32 页的"前言"(Vorwort)和"导论"(Einleitung),正文部分分为:"第一部分 道"(Erster Teil:Der Sinn)、"第二部分 德"(Zweiter Teil:Das Leben)以及"解释"(Erklärungen)。卫礼贤在很多著作中选编了他翻译的《道德经》的内容[10],因此他的《道德经》译本的传播可谓极广。

曾担任过内卡河畔的艾博巴赫(Eberbach am Neckar)市的市长 34 年之久的魏斯,对历史、哲学有着浓厚的兴趣。他的这本《道德经》并不是一个新的译本,而是将以往的德文、英文和法文的译本相比较之后产生的结果。他在前言中指出,他的目的在于从不同的译本中捋出一个头绪来。魏斯在学术方面基本上没有什么大的成就，雅斯贝尔斯选择他的这个译本，很可能是因为这位政治家曾经在海德堡大学学习哲学[11]，并且在那里获得哲学博士学位。

林语堂的书曾经有一段时间在德国是非常流行的。这位后来在美国成为英语畅销书作家的学者，曾于1921—1923年在德国学习，并在莱比锡大学获得博士学位。1935年，林语堂在美国出版了他的《吾国与吾民》，此书一年后便被翻译成德文。[12]后来林语堂的几本重要的英文畅销书都被译为德文。在哲学家雅斯贝尔斯看来，这部德文版《老子》[13]则为自己提供了中国人对老子哲学理解的视角。

雅斯贝尔斯之所以选取了《道德经》的诸多不同译本，他曾通过第六章的一个例子予以了说明："我想规劝大家的是，只读唯一的一种译本是不可取的做法。"[14]在这里，雅斯贝尔斯实际上秉承了德国《圣经·新约》文本批判之父格里斯巴赫（Johann Jakob Griesbach）"同观福音"（Synopsis）的传统。作为信义宗新约学家，格里斯巴赫用语文学的批判方法来研究新约：1776年他将马太、马可、路加三福音书中的用词、顺序、材料选择进行对比研究和阐释，认为这种方法是研究《圣经·新约》的不可或缺的辅助手段。格里斯巴赫的研究直接影响了圣经诠释学（Exegese），产生了著名的"两个来源理论"（Zweiquellentheorie）的学说，认为马可福音的材料跟路加和马太福音不同。[15]雅斯贝尔斯正是运用了这一方法，对不同德文译本的《道德经》进行了研究和阐释。

在"参考文献"中有关《孔子》和《老子》的"研究文献"部分，我们可以看到这些文献差不多是19世纪末20世纪初德国、奥地利、法国、荷兰、英国著名汉学家、比较宗教学家、语文学家有关中国思想和哲学最重要的著作了。

索赛(Chantepie de la Saussaye)可以说是现代宗教学的创始人之一，他曾任阿姆斯特丹和莱顿大学的宗教史教授。他的两卷本的《宗教史读本》系第四版，其中收录了汉学家福兰阁(Otto Franke)所写的"中国人的宗教"(Religion der Chinesen)，对包括道教在内的中国宗教进行了详细的论述。这些文献对雅斯贝尔斯理解作为道教的老子思想，都是非常重要的。

佛尔克(Alfred Forke)的三卷本《中国哲学史》基本上是从中文原始文献出发，对三千余年的中国哲学作的系统的梳理。书中除了对孔子、老子等哲学大家作了重点介绍，还介绍了中国历史上许多鲜为人知的其他哲学家的思想，共计150多人。这三卷本哲学史的特点之一在于同西方哲学的比较研究，佛尔克将中国传统哲学分为逻辑学与认识论、形而上学、自然哲学、心理学、伦理学、国家哲学与法哲学几个部分，并且常常在相应的范畴直接与古希腊的哲学进行互释。例如他认为孔孟的地位类似于柏拉图和亚里士多德在欧洲经院哲学中的地位，同时也指出了中国哲学世俗性的一面，认为它几乎完全没有宗教的内容。特点之二在于书中收入了大量中国著名典籍原文的译文，这对于想借助于原文做进一步思考的西方读者来说，至关重要。这部三卷共2 000页之多的巨著在学界产生了巨大的影响。跟一般欧洲汉学家对中国历史的分析类似，佛尔克认为从三代到秦是"古代"，从汉到唐末是"中世纪"，而自宋代以来是"近代"。因此有关老子的研究，被归在了《古代中国哲学史》的第三章"道家"(Die Taoisten)之中。而关于老子又分为四小部分：其人格、《道德经》、老子的学说（形而上学、伦理学和政治学）、对老子的评价。[16]佛尔克的这部哲学史，在论述过程中引用了丰富的原始文本的译文，并依据文本分析得出其结论。

福兰阁的《中华帝国史》在德国汉学史上也是一部划时代的历史巨著。此书从儒家哲学和历史的角度出发，对中国几千年以来的政治、思想史进行了系统的阐述。本书的前四卷叙述了从上古一直到 1368 年明王朝建立前的历史。它改变了以往以编年等为主的叙述方式，更多地从儒家意识形态方面，而非变迁和交替，写出了中国历史的连续性。一直到今天，法国科学院院士、著名汉学家巴斯蒂夫人（Marianne Bastid-Bruguiére）依然认为这部著作是"欧洲中国史研究的里程碑"。[17]

葛兰言（Paul Marcel Granet）所重视的并不是以往传统法国汉学家所热衷的文献学和历史学，由于受到当时法国主流社会学家涂尔干（Émile Durkheim）的影响，他将社会学的方法成功地引进到汉学研究。雅斯贝尔斯多次列举的《中国的文明》和《中国的思想》可以说是葛兰言在这方面的代表之作。

曾于 1891—1911 年、1912—1921 年间分别担任荷兰莱顿大学以及德国柏林大学汉学教授的高延（Jan Jakob Maria de Groot），是中国宗教问题的专家。他认为，中国的宗教、整体思想应当称为"天人合一说"（Universismus），因为在这之前经常使用的"儒家学说"（Konfuzianismus）一词仅仅是构成中国整体宗教思想的一部分而已。

德国汉学家葛禄博（Wilhelm Grube）的《中国文学史》尽管出版于 1909 年，但由于这部著作所征引的大部分例子均来自中文原文，一直到今天仍然具有重要的参考价值。[18]这部书与其说是一部文学史，更确切地说是一部文化史，其中第四章是"老子及道教"（Lao-tszě und der Taoismus），葛禄博用了 30 多页的篇幅对《道德经》及道教其他代表人物的思想做了介绍。[19]

卫礼贤的《中国哲学》尽管是一本仅有 128 页的小册子，[20]但却对作为中国哲学的道家学说做了详细的介绍。卫礼贤将"道"译作 Sinn（指称的内容），这是与 Bedeutung（指称的对象）相对的词，一般被认为是"真谛"，相当于黑格尔的"绝对知识"（das absolute Wissen）概念。卫礼贤认为，老子所谓的"道"既非精神现象，亦非物质现象，既非存在，亦非不存在，是一种无法用语言来表达的直接经验，或者说是某种超验的东西。

与卫礼贤同为德国同善会（AEPM）传教士的哈克曼（Heinrich Friedrich Hackmann）曾在上海居留多年，他于 1914—1934 年任荷兰阿姆斯特丹大学汉学教授。他对中国宗教特别是中国佛教有深入的研究。《中国哲学》与《中国文字与文化间的关系》这两部著作为雅斯贝尔斯全面了解中国文化提供了重要的背景知识。

岑克（Ernst Victor Zenker）是奥地利的记者和政治家，他最重要的著作是 1895 年出版的《无政府主义理论批评史》[21]，该书也被翻译为英语和俄语出版。岑克有关中国哲学史的两卷本著作的标题为《首次从原典来论述的中国哲学史》[22]，这可能是雅斯贝尔斯选择这部书的原因。但岑克并没有正式学习过汉学，佛尔克认为岑克的著作中的翻译非常成问题，而他的分析却是建立在这些译文基础之上的。但他同时认为，这两部著作对于那些已经比较熟悉中国哲学的读者来讲，会有一些启发和教益。[23]除了在这部书的上卷中有有关老子和《道德经》的翻译和论述，岑克后来在1943年还写过一篇《早期的道家》的文章[24]，对此雅斯贝尔斯并没有予以关注。

这些原典译本和研究著作的获得在很大程度上应归功于雅斯贝尔斯在海德堡的朋友——印度学家海因里希·齐默尔（Heinrich Zimmer）博士。[25]齐默尔是德国当时著名的印度学家，同时也是南亚艺术史专家，他的研究涉及印度艺术、文明和哲学中的神话和各种象征物。齐默尔是继麦克斯·穆勒（Max Müller）之后，在印度语文学领域最重要的德国学者。齐默尔于1924—1928年在海德堡大学印度学系任职，在此期间他成为了雅斯贝尔斯的同事。与雅斯贝尔斯一样，由于他的妻子也是犹太人，他于1938年遭到纳粹当局的解职。之后他移民到英国，1939—1940年在牛津大学的巴利奥尔学院（Balliol College）教书。1940年，他接受了哥伦比亚大学哲学系的客座讲师职位。遗憾的是，1943年这位才华横溢的印度学家意外死于肺炎。雅斯贝尔斯于1938年以后开始研究远东文化，这对他来说是一个全新的领域，而作为印度学和佛教专家的齐默尔则为哲学家提供了重要的参考文献，尽管他当时已经离开了德国，但依然与雅斯贝尔斯在这一崭新的思想世界中通过书信不断进行着对话和讨论。他们两人留下的写于1929—1939年的十几封通信，是这些互动的珍贵史料。[26]顺便一提的是，精神分析学家荣格（Carl G. Jung）也与齐默尔建立了长期的友谊，并在齐默尔去世后为他编辑了《通向自我之路》（*Der Weg zum Selbst*，1944）一书。两人第一次见面是在1932年，之后齐默尔和汉学家卫礼贤成为荣格为数不多的男性朋友之一。

雅斯贝尔斯之所以没有使用中国典籍较新的英文译文和研究著作，是因为他依然固守着在他之前多年以来所形成的德意志哲学传统。[27]尽管这些德、法文的文献有个别的已经有些过时，并且大部分都是用西方哲学史的方法和概念对中国思想史进行类比、比附，但我们不得不承认，其中大部分在很大程度上反映了当时汉学界对中国思想和哲学的研究水平。雅斯贝尔斯能够通过译本和研究著作，而不用通过研读原文，迅速把握这些经典的精髓所在，是跟他所选择的这些资料有很大关系的。此外，这当然还需要智慧和禀赋，而雅斯贝尔斯的确两者兼备。1949 年雅斯贝尔斯前往巴塞尔大学任教，接替他在海德堡大学的哲学教授席位的伽达默尔（Hans-Georg Gadamer），在论述到雅斯贝尔斯的这一特征时写道：

> 一个人在不掌握那种思想所依赖的母语的情况下能摸到这种思想的哲学轮廓，他一定具有某种特殊的天赋。我想把这种天赋称为相貌学思想，因为这种思想不是来自于语词，而是懂得从轮廓里读出东西。无疑，这种释读方式无法掌握细节上独到的东西，但它能推断和描述出大致的线条，而这个线条蕴含在所有人的思想运动中。[28]

只有大手笔者才可以做到这一切，即通过阅读译文迅速把握住思想的精髓所在，而不拘泥于枝节末梢。

在这里需要指出的是，雅斯贝尔斯对孔子的研究显然并非出自严格意义上的汉学兴趣,他对中国哲学的认识是构建其"哲学的世界史"蓝图的一个重要步骤,而将孔子作为范式的创造者,正是他运用"轴心时代"的思想,排除特定信仰内容,使之成为让西方人、亚洲人乃至全人类都可以信服的尺度的有益尝试。

三、雅斯贝尔斯对孔子思想的认识

(一) 孔子——范式的创造者

雅斯贝尔斯将孔子列入了"范式的创造者"的行列之中,进而将他跟苏格拉底、佛陀、耶稣并列,这是因为孔子在人类历史上产生过巨大的影响,而这一影响的深度与广度都是无与伦比的。孔子与其他三位一道创造了对后世哲学具有尺度作用的规范。

1. 获得孔子真实面目的方法

有关孔子的著作都是在他死后才出现的。雅斯贝尔斯反对用文字历史学的批判方法来获得孔子的所谓历史的真实面貌。"因为并不存在完全可信的历史记载。几乎流传下来的每一点在历史上都可能是值得怀疑的。这种思维的结果很可能会使我们怀疑到这些大师的真实存在——像是在佛陀与耶稣身上发生过的一样——因为去除所有神话和传说的话,那在他们身上几乎是一无所剩了。这一结论的荒谬性产生了对批判方法的怀疑。"[29] "单纯批判的结果不会使我们认识到任何的东西,并且会使他们的实在性消失得无影无踪。"[30] 既然不能通过文本批判的历史学方法来获得历史的真实面貌,捕捉住哲学大家们的思想真谛,那么究竟用什么样的方式才能够达到我们的目的呢?

雅斯贝尔斯指出:"这些大师们的历史真实只可能通过他们的

存在对其周围的人和事所产生的不同凡响的威力，以及对后世的震撼中认识到。只要后世人们的论述明确是针对这些大师的，那么这一影响就是有据可查的。这些伟大的形象从一开始也就依稀可辨了。"[31]也就是说，他要通过孔子的影响和作用来溯源和重构一个真实的孔子。

不过，雅斯贝尔斯并不是一味地批判"历史批判法"，在讲到四福音书与耶稣的真实生平的关系时，他认为，历史批判的方法至少可以防止简单地将所有福音书的内容作为历史真实而全盘吸收的企图。[32]

雅斯贝尔斯提出运用批判的怀疑态度再加上对传统的感情，这才是"激励我们随时冒险、不顾一切地去塑造一幅历史真实的图像"的前提。[33]所谓对传统的感情是因为在传统中"一个不足挂齿的小人物是不可能在别人的想象中变得如此光焰万丈的，也不会有高贵的灵魂让人们感受。这些想象的根源，其自身也必定是不同凡响的"[34]。

尽管这四位大师的一切都是值得我们怀疑的，但他们每一个又都形象鲜明地显现在我们面前。跟其他三位相比较，雅斯贝尔斯认为，孔子是一位客观、冷静的思想者。[35]

批评者认为，这四位哲学大师往往只是由于偶然的境遇而产生重大影响，并进一步认为，实际上他们只是其所处时代中一种流行的类型而已。具体到孔子而言，他只不过是当时周游列国的文人和谋士中的一员罢了。针对这样的批评，雅斯贝尔斯回答道："他们（指这四位大哲学家——本文作者注）并不是通过类型化而有个性特征的，而是由于他们那唯一的，并且是不可替代的本质使然。"[36]在雅斯贝尔斯看来,孔子等四位大哲学家有些类似于艺术史上的杰作,它们是不可替代且独一无二的。每一创造范式的大哲学家都有自己独特的心路历程,孔子自然也不例外,而哲学正是在每一个单独的个体之中获得整体性的一种尝试。

那么究竟如何才能重塑这些大哲学家呢? 雅斯贝尔斯认为,重塑的前提是要为他们的真实性所感动。对历史的认识应当以唤起对经验的回忆为前提。[37]早年作为病理学家和心理学家时,雅斯贝尔斯在两个方面都取得了相当的成就。他所写的人物传记在很大程度上是借助于广义的心理学方法,将历史上的哲学大师作为心理考察的对象来描述。由于引进了以理解为主的"主观心理学",哲学家们总是直接对我们说话,我们变成了与哲学大师们共同进行哲学思考的人。他们所关心的问题,对我们来说也都成为当下的问题,因为做哲学的意义只在当下。哲学史从而不再是用所谓科学方法描述的学问,而是要借助于体验性的思维活动。所谓体验性的思维是说我们应当介入到历史事件中去,去跟思想家们一道体会他们思维的力度,分享他们获得发现时的喜悦。

面对无限叠加而来的对孔子的无限神化,雅斯贝尔斯清楚地认识到,重要的是"如何去挖掘隐藏在变化了的学说背后、尚未完全遗失的学说的原貌,并将之作为一种标准来把持"。[38]雅斯贝尔斯进一步指出,"如果我们过分强调那些很可能是出于后世的僵化的、乏味的陈述,那必然会失去这幅真实描述的画像。如果我们能够依据实质性的选择,整理出孔子的言论与有关他的记述,就能把握住孔子思想真实的核心,从而获得一幅不可替代的真实的孔子画像"。[39]

2. 何以孔子也能列入范式的创造者

雅斯贝尔斯认为，在人类历史上并没有任何人，其思想的深度与广度是可以与这四位大哲学家相提并论的。[40]这四位伟人以他们的行为、举止、实存的经验以及要求，为后人立下了思想的范式，成为后人仰止的楷模。从社会学的观点可以确定，跟苏格拉底、耶稣一样，孔子也出身于平民阶层。在他身上显现出了男性的阳刚之气。尽管他结过婚，但从《论语》等的记载中，明显地可以感觉到他并不受婚姻的束缚。他将对家庭成员的感情，转移到了弟子们的身上。[41]

作为实存哲学大师的雅斯贝尔斯强调指出，哲学家生命的真实性胜过他们的著作或思想，并进而认为，正是这种真实性促成了人类在世间转化的起点。对孔子来说，他转化的前提是不仅仅局限于学习的一种全面的教育。

在面对死亡方面，雅斯贝尔斯认为孔子视死如归[42]，他跟苏格拉底一样，直面死亡，以致死亡在他面前失去了意义。据雅斯贝尔斯在"生平"一节中所引的句子，孔子感到自己不久将与世长辞的时候，在庭院之中独自吟诵道："太山坏乎！梁柱摧乎！哲人萎乎！"[43]尽管他临死不惧，不过从中也能感受到他对自己一生未受君主重用、没有实现自己人生价值的失落之感。

除死亡这一临界境况之外，孔子也展示给我们以普通的人类之爱，他认为应当"以德报德，以直报怨"。[44]

在论及人类与世界的关系时，雅斯贝尔斯认为孔子想要借助于教育在他的世界中塑造人类，并使这一世界按照他预设的永恒秩序发展。他期望在世俗的条件下，使人类存在的自然理念获得实现。不过与佛陀不同，孔子并没有采取抛弃尘世的做法，他希望在无序的世界中借助于一套规则，建立一个合理的世界。正如雅斯贝尔斯在第二节的标题中所显示的那样："孔子的根本思想是借对古代的复兴以实现对人类的救济。"[45]而所谓的"对古代的复兴"，实际上是希望借此建立一个新世界。想要恢复周礼的孔子，是要将外在的礼建立在内在的礼的基础之上，也就是说，孔子并非像我们所认为的那样是一个想复辟周礼的守旧派，而是一个由于对礼崩乐坏感到失望，希望建立一个新世界的革新人士。雅斯贝尔斯认为，孔子的局限性以及他的世界理想之所以没有成功，原因在于面对罪恶和失败时，他只知道感慨并体面地承受这一切，而没有从苦难的深渊之中得到推动的力量。[46]

孔子也很重视思想的传达，认为他自己的使命在于影响他人。尽管在政治抱负方面没有很大的成就，但他用大半辈子的精力去从事教育和古代文献的整理工作，借此来最大程度地传播自己的学说。

根据以上几个方面的内容，雅斯贝尔斯认为，与苏格拉底、耶稣和佛陀一样，孔子理所当然成为人类范式的创造者之一。

(二) 孔子的思想

雅斯贝尔斯认为，孔子的思想并非一套完全知识状态的哲学，进而认为孔子本人也从未认为自己有一套完全的知识，或者说也不认为这种知识的存在是可能的。雅斯贝尔斯在 1922 年正式成为海德堡大学的哲学教授之后，很快便与海德格尔（Martin Heidegger)结成了反对传统哲学特别是学院派哲学的阵营。他认为学院派哲学体系并非真正的哲学，他们所讨论的事物对于人的实存的基本问题并没有重要的意义。雅斯贝尔斯的实存哲学的动机并不是要建立一种学说体系，而在于表达对各种学说的不满。就拿他的三卷本《哲学》来说，这部书表面看来并不成系统，往往过于强调个别细节的描述，而对整体性的重视不够。但这也反映了雅斯贝尔斯反理性主义、反学院哲学体系的一贯的哲学立场。在论及儒家思想在孔子之后由于概念化和系统化的结果，远离了孔子原本思想的时候，雅斯贝尔斯写道："以系统的方式对这些语录进行加工，必然会随着概念的增加而使原本丰富的思想源泉变得贫乏起来。因此在孔子后代传人的著作中，他的思想变得更清晰，但同时已经受到更多的局限了。"[47]

1. 古代思想对孔子的重要性

雅斯贝尔斯认为，孔子的根本思想在于想借助于对古代的复兴以实现对人类的救赎。在帝国即将解体的困境之中，在战乱和动荡的时代，孔子想将流传下来的文献转变成有意识的根本思想，产生一种源于传统的新哲学。"自己的思想并不通过其自身而展现：犹太的先知们宣告了上帝的启示，孔子则宣告了古代之声。"[48]雅斯贝尔斯在"关于我的哲学"（Über meine Philosophie）的第二节"将传统化为己有"（Aneignung der Überlieferung）中指出："我们尽管可以朝根本的方向提问，但我们永远也不能站在起始的地方。我们如何提问和解答，这其中一部分取决于我们所处的历史传统。我们只有从各自的历史的处境出发、从自己的根源处才能把握真理。"[49]对于孔子思想的探讨，也可以算是雅斯贝尔斯"从自己根源处把握真理"的尝试。

孔子说他自己是"述而不作，信而好古"。[50]雅斯贝尔斯对此非常清楚地认识到,孔子的哲学实际上是"用古代的形式来表达新东西的"。[51]雅斯贝尔斯主张:"我们生命的本质处于历史之中。孔子勾画出了一幅应当能够使得这唯一的真理发挥更好效果的历史画卷。"[52]他进一步认为,孔子复兴古代的方法是通过学习,而孔子所谓的"学习并不仅仅是学习关于什么的知识,而且要使其成为自己的知识。对已经具有的真理并不是要熟记它们,而是要从内心去领悟,从外部去实现"。[53]

跟西方哲学的传统不同,中国哲学家习惯于在早期大师们著作的注释和疏证之中阐述自己的思想,因此注疏之中常常蕴含有一种全新的、独特的哲学,不过它往往被那古老的光环所笼罩。实际上西方哲学也是通过证实或批判而继承或拒绝以往的传统的。难怪怀特海(Alfred Whitehead)有一句名言说,欧洲的哲学无非是柏拉图哲学的注脚,这也是有道理的。[54]不过,按照欧洲哲学的三分法——古典、中世纪以及近现代三个时段的标准来看,中国以往的哲学显然缺少近现代部分。因为西方文艺复兴和人文主义的结果是在一个启蒙和自然科学的时代产生了近现代哲学,这是一种完全不同于古希腊柏拉图和亚里士多德,也不同于中世纪基督教会传统的哲学,而是由另外一种科学精神所主导的拥有独特的语言和术语体系的"新"哲学。形象地来说,新酒并非一定总能装入老瓶之中,而是需要另造新瓶。但一直到19世纪末的中国哲学主流基本上都没有超越孔子所谓"述而不作"的范畴。

在《孔子》篇中,雅斯贝尔斯设计了三个步骤来阐述孔子的哲学,具体是:首先讨论道德-政治伦理规范,以及这一伦理的登峰造极之处——"君子"理想;进而追问支配根本知识的观念究竟是什么；最后通过孔子对临界的自觉意识使这一思想进入无限的开放之中。[55]

2. 道德-政治伦理规范

社会的秩序乃是依靠礼俗（礼是行为的规定）得以维系的，而礼俗之中最根本的是礼和乐。它们的本质是陶冶人的本性，而不是抹煞之。雅斯贝尔斯认为孔子对一切自然的东西都表示出了赞同。他给万物以应有的秩序、程度、地位，并且不去否定它们。他主张"克制自己，而不是做苦行者。通过陶冶本性会变善，而强施暴力只能带来灾祸"[56]。

孔子非常强调与人的交往，这也是他自己生活的要素。[57]雅斯贝尔斯在他的实存哲学中强调个人的自由。只有借助于交往，自由才可能得以实现。他一再指出，在哲学上交往的问题并非枝节和局部的问题，而是做哲学的核心问题。因为只有在同他人的交往中，个别的、不可替代的意义才能显现出来。"如果我只有我自己的话，那么我就会变成荒芜。"[58]"唯有在交往中，一切其他的真理才得以实现。唯有在交往之中，我才不仅活着，而且生命得以充实。上帝只是间接地，并且是通过人与人之间的爱才显示其自身；令人信服的确定性是特定的、相对的，并且从属于整体的。"[59]而在孔子与其弟子之间的交往中，雅斯贝尔斯发现了自己存在哲学中"交往"的意义所在。

孔子认为好的政府只会在这种状态下产生："凭借礼、合乎礼的音乐以及人们交往的方式来铸造出健康的共同生活。"[60]对于政府来说，有些事情要去做，而有些事情则必须听由其自然发展。

孔子一生一直期待着有一位明君来发现他，从而用自己的理念辅佐国君治国,但这一理想始终没能实现。孔子认为作为恢复和加强伦理与政治的整体状态的前提有二:其一,有能力的人必须处在相应的位置上。"虽有其位,苟无其德,不敢作礼乐焉;虽有其德,苟无其位,亦不敢作礼乐焉。"[61]其二,公共的政治环境必须使得革新行为成为可能。雅斯贝尔斯认为"这两条原则中隐藏着跟柏拉图思想相类似的地方:如果不是哲学家做国王或国王做哲学家,人类的状态并不能得到改善"。[62]

读书人(知识分子)的最高理想是成为一位君子。在孔子看来,一切的善、真、美都蕴藏在君子这一理想人格之中。在这一理想之中融进了高尚的人格思想、高贵的出身与天性,同时也融入了绅士的举止以及先哲的心境。在这里雅斯贝尔斯提醒大家注意,孔子认为君子与圣人是不同的,前者可以通过自我教育而成就,后者则是天生的,是改变不了的。[63]由孔子开始,以"志于道"为使命,以传承文化为谋生手段的士阶层开始走上历史舞台,由此开始了中国文化独立传承发展的"道统"。

3. 根本知识

孔子以格言的形式表达了作为伦理政治来宣讲的道德规范。据此雅斯贝尔斯则描绘出了作为根本知识(Grundwissen)的一些概念特征。

孔子意识到自己所面临的重大抉择:是像道家信徒那样从世间退隐到孤独之中,还是同世人一道生活,从而去刻画、塑造这一世界?尽管他对乱世中的隐居者持宽容态度,但依然认为自己不应当出世。在概括孔子的思想时,雅斯贝尔斯认为,孔子的"思想所涉及的首先是人的本性;其次是社会秩序的必要性;再其次是我们思维的基本方式，真理的根源与分支问题，根源的无制约性以及表象的相对性问题；最后是统摄万物并且同万物都有关联的以一贯之的大'一'"[64]。雅斯贝尔斯最后下结论道："无论在什么样的场合，孔子在本质上所关心的都是人类及其社会。"[65]

雅斯贝尔斯根据孔子的学说认为，人的本性是仁。在论述人与禽兽的区别时，雅斯贝尔斯说，禽兽生来如此，并且完全由其本能支配其存在而没有任何思维意识。对于人自身来说，仁仍然是他的一项使命。[66]

在分析孔子强调"正名"的原因时，雅斯贝尔斯认为：由于语言经常被滥用，造成名不符实的情形，从而使存在与语言相分离。语言一旦陷入混乱状态，那所有的一切都将变得无可救药了。

4. 临界意识

终极事物从来没有成为孔子探讨的主题，雅斯贝尔斯认为孔子在谈到"临界境况"（Grenzsituationen）这一话题时，总是小心翼翼。孔子"很少谈到幸福、命运、纯粹之品德。在不可避免地谈到有关死、自然以及世界秩序的时候，他的回答总是使这些问题保持着开放"。[67]雅斯贝尔斯认为，人们"完全没有可能客观地谈论这些终极问题，它们永远不会以适当的方式成为一种对象"。[68]从本质上看，人类的有些境况如死亡、痛苦、奋斗、罪责等是无法逃避或改变的。这些失败的经验带给人生存在的严肃性和超越意识。在各种临界境况之中，人类将摆脱或超越一切瞬间的世间存在，他或者从中感觉到虚无，或者感觉到真实存在。实际上，即使绝望只能存在于世间，但它所指向的却是超乎世间之外："临界所表达的是：有另外的东西……"[69]对终极问题的探讨并不能用所谓的科学的方法,因为科学家只会把它们作为跟其他对象一样的客体来看待,而一旦它们客体化了,便不再是原本作为主体的自身了。于是就产生了雅斯贝尔斯所谓的主客体分裂的状态。主体的认识所把握的并不是"自在之存在"(An-sich-Sein),而是"为我之存在"(Für-uns-Sein),而后者被雅斯贝尔斯称作"现象"(Erscheinung)。很显然,"自在之存在"是从康德的"自在之物"(Ding an sich)而来,"为我之存在"来自"为我之物"(Ding für sich)。在康德看来,人的认识的临界处是"自在之物",在这个界限之内是现象界,是可以被认识的;而超出这个界限,人是不可能认识自在之物的。在康德看来,人所能认识的自在之物,并非其"自在"的样子,而是"为我"的样子。因此在雅斯贝尔斯看来,孔子之所以对终极事物保持着开放的姿态,是因为他不想将它们变成客体化了的"现象"。

雅斯贝尔斯认为,"孔子从来没有过探寻无限的事物以及不可知事物的冲动",因为"这两个问题足以让伟大的形而上学家耗尽毕生的精力,不过在孔子对礼俗虔诚的执行之中,以及在窘迫情况下所回答的问题之中——虽然并没有很清楚地表达出来,但却为人生指明了方向,我们还是可以感觉得到他对人生终极状况的关怀的"。[70]

(三) 孔子的人格

雅斯贝尔斯始终认为思维本身与思维实践是密不可分的。第二次世界大战之后,他对海德格尔的哲学所作的鉴定也是从对政治态度的评价中推论出其哲学思想的。雅斯贝尔斯同样认为孔子的哲学思想跟他的政治态度是相辅相成的。"孔子坚持着他自己的使命，要在世间建立一种人道的秩序。成功与否对他来讲并不重要。人性意味着要对社会群体的状况共同负起责任。"[71]

孔子并不是一位宗教家或神秘主义者，他没有宗教的原始体验，不知道启示，不相信生命的转世。但他也不是一位理性主义者。雅斯贝尔斯认为，在孔子的思想中，引导他的是人间社会的统摄（das Umgreifende）理念，只有在其中，人才能成为人。[72]孔子所关注的是世间，他"热爱世间的美、秩序、真诚以及幸福，而这一切并不会因为失败或死亡而失去意义"。[73]孔子并不是身怀绝技、飞檐走壁、具有超自然能力的宗教领袖，他本人拒绝对他个人的任何神化。而他的伟大之处就在于他生活在市井，作为人他有他的弱点，但他所面临的实存问题也正是我们这些凡夫俗子所要面对的。雅斯贝尔斯进而指出："在中国，孔子使理性在其全范围与可能性之中首次闪烁出看得见的耀眼光芒，并且这些都表现在这位来自百姓的男子汉身上。"[74]而正是在这一点上，中国历史上没有任何一个人可以与他相提并论。

（四）影响史

柳诒徵曾经指出："孔子者，中国文化之中心也。无孔子则无中国文化。自孔子以前数千年之文化，赖孔子而传；自孔子以后数千年之文化，赖孔子而开。"[75]因此孔子对中国文化史的影响可谓深远，无论怎样评价都不为过。雅斯贝尔斯认为儒家思想在中国统治长达两千多年，这其中的发展可以分为三个阶段。第一，在孔子殁后的几个世纪中，儒家通过孟子和荀子而形成了理论的形态，儒家学说从而变得更概念化、个性化以及系统化了。原因是《论语》中的文章，尽管较接近孔子，并且有些言论果真出自孔子之口，但它们往往很简短、很零散，有各种可能性对其进行阐释"。[76]雅斯贝尔斯进而将这时的儒家思想定位在发生期(in statu nascendi)，原因是"就如同苏格拉底之前的一些哲人的思想，尽管已经完成了，但其内容却有着无限展开的可能性"。[77]第二，汉朝时"儒家学说发展成为了一套正统派理论，几近盲目迷信"。儒家以事实上的统治权力赢得了新的思维形态，其学说成了训练官员的工具。这一全新的国家权力的构成，其产生的动机和情形，对孔子本人来讲都是陌生的。[78]第三，宋代在形而上学和自然科学方面成就尤著。在这一方面，雅斯贝尔斯并没有进行深入论述。他只是提到"正统派确立了孟子的学说为其基础"。[79]实际上理学本身的发展也是一个悖论，注重"性命义理"之学的宋代理学家最初是想从已经意识形态化了的第二阶段的学说中挖掘一些长久以来被遗忘了的东西，但让他们始料不及的是，他们对部分儒家典籍的重新解释，很快便又成为了新的国家教条。当时中国的官员阶层实际上是靠着一套考试制度来维持的。"古代的知识在从前是一种规范，人们以一定的方式去继承吸收，但到后来却变成了儒生们只知死抠的古代典籍。作为权威的学者们也在模仿古代，而不是从中继承最本质的东西。从这种学问之中产生了正统之学，而这所谓的正统之学却与生命的整体失去了一致性。"[80]雅斯贝尔斯认为，儒家思想跟基督教与佛教一样也经历了自身的变化，并认为如同天主教托马斯·阿奎那(Thomas Aquinas)时代那样，儒家在朱熹时代也登上了精神上的顶峰。[81]理学跟中世纪的经院哲学的产生和发展的确有诸多相似之处，经院哲学是借助于古希腊哲学的概念对基督教教义重新阐释，而理学则是为了应对佛教的挑战，借助于佛教和道教的哲学，特别是在形而上学、宇宙论和人性论上的建构，而成立的一种"新"的儒学。

自赫尔德（Johann Gottfried Herder）、黑格尔（G. W. F. Hegel）以来，中国在西方的形象一改莱布尼茨（Gottfried Wilhelm Leibniz）、伏尔泰（Voltaire）等的理想化了的范式，形成平庸化的、妖魔化了的负面形象，中国被西方主流社会渐渐遗忘掉了。雅斯贝尔斯清楚地认识到，儒家第三个阶段的国家教条化形成了西方对中国的负面看法。欧洲人认为，中国自古以来就是这样。"这一情况一直到汉学家们对中国的真实历史进行大曝光之后，才得到改变。"[82]也就是说，他认为发生在 20 世纪两次世界大战间的将中国与西方平等看待的这一范式转换，其前提是汉学家们对中国的真实历史的介绍。与莱布尼茨相比，雅斯贝尔斯对中国思想价值的认识则更值得我们倍加珍视。莱布尼茨是在耶稣会士和其他哲学家对中国文化的一片赞扬声中，认识到中国的独特价值的。而雅斯贝尔斯则是在赫尔德、黑格尔等对中国文化批判的这一传统中，重新发现了中国思想的价值所在。而将孔子置于"范式的创造者"的行列，进而与苏格拉底、佛陀和耶稣并列，处于所有人类历史的开端，这在当时无疑是非常勇敢的举动。

四、雅斯贝尔斯对老子的认识

德国哲学家对老子的阐释，有着独特的问题意识和研究方法，因此尝试分析和挖掘其方法论与问题视角是很有意义的。而德国哲学家所处的德意志文化和历史氛围，决定了他们的老子研究是通过对作为客体的异质文化的分析，为理解自己提供一面镜子。实际上，对德国哲学家老子研究的再认识，重要的不仅仅在于分析其所使用的方法，更重要的是关注其观点背后的问题意识及思想源泉。德国哲学家在不同时代所关注的核心问题都是不同的，因此，他们对老子研究的问题意识也随着时代思潮的变迁而不断变化。

与孔子比较起来，老子在德国更受到读者的欢迎，《道德经》的德文译本超过了100种。国外较早对老子做哲学研究的是德国哲学家，包括黑格尔、谢林（Friedrich Wilhelm Joseph von Schelling）等著名哲学家，都对老子哲学做了阐述。[83]其中尽管不乏今天看来很粗疏的研究，但作为当时主流思潮中的哲学家，他们将老子研究纳入了他们的学术视野和哲学体系之中，这本身说明了对老子思想的重视。作为20世纪上半叶实存哲学巨擘的雅斯贝尔斯，也曾深入地探讨过老子的学说。他将老子归在了"从根源来进行思考的形而上学家"的范畴之中，进而与阿那克西曼德、赫拉克利特、巴门尼德斯、安瑟尔谟、斯宾诺莎以及龙树并列。这说明，在雅斯贝尔斯看来，老子虽然没有创造影响世界的思想范式，但其独具原创性的哲学思考方式，也能够用来表述深层次的哲学问题。"由于永恒之物与非历史之物是这一思想的意义之所在，由于它是超出一切历史的，所以形而上学家们的相近之处就不局限于一个文化圈，不局限于西方。我从亚洲选取了老子和龙树。"[84]正是这种对"永恒之物"（das Ewige）和"非历史之物"（das Ungeschichtliche）的追求，使得雅斯贝尔斯将视野拓展到了欧洲以外的世界。跟以往的哲学家不同，雅斯贝尔斯对老子的研究已经不再局限于勾勒出老子思想的大概，而是在史陶斯、卫礼贤等人的译本和阐释的基础之上，尝试对老子进行全新的诠释。[85]雅斯贝尔斯以其哲学方法深入到了老子的文本之中，在很多具体的细节方面常常有突破性的新理解。他以独特的方式对老子的思想进行了深度的挖掘，同时，这项研究本身也完善了他的哲学思想，使他的实存哲学观中有了新的内涵。

（一）史陶斯的《道德经》译本

1. 对史陶斯《道德经》译本的评价

作为哲学家的雅斯贝尔斯尽管使用了史陶斯以来《道德经》的各种译本，但他并没有将他的探索局限于早期汉学家研究的基本立场和理解框架，而是突破了传统语文学汉学研究的藩篱，以哲学特别是实存哲学的问题意识和方法论达成了对老子的独特理解。而基于语文学传统的史陶斯《道德经》译本，无疑为雅斯贝尔斯的哲学阐释奠定了基础。其实文本的翻译和转换，会不断产生新的、多元的视角，同时也增加了看问题的深度。不同时代的《道德经》译本以及各种不同的阐释，对雅斯贝尔斯来说既是挑战，同时也是讨论各类问题的出发点。

雅斯贝尔斯在《大哲学家》中对史陶斯的《道德经》译本大加赞赏：

> 史陶斯所作的注释有助于读者理解翻译中的难点问题，中文原句的意义以及词句的多种含义。此外，他受过传统的德国哲学训练，因此他的阐释透彻、审慎，有时也带点奇特的

哲学味道。即便是译文晦涩难懂，也会在注释中找到他之所以这样译的原因。在使用这一杰出的译本同时，我还参照了其他新出的一些译本。在发现这些新译本跟史陶斯的译本有偏差时，再读史氏的注释，真令人信服不已，他会告诉你他之所以这么译的理由，并且常常事先就能认识到后来才出现的异议。史陶斯这本乍读起来令人费解的译本，也许正因为此才是最好的译本。这一译本不易读懂，需要借助于注释的帮助才能理解那简短、含蓄的背后所隐藏的真意。[86]

雅斯贝尔斯并不认为，一个一眼就可以看明白的译本，是所谓的好译本。只有经过反复阅读之后，才能认识到其中的真谛，这才是好的译本。此外，雅斯贝尔斯也深深地知道，仅仅通过译本的比较研究来达到对老子思想的整体把握并不是一件容易的事情。因为：

　　对于不是汉学家的人来讲，对这本书的研究只能通过对为数众多的译本以及评注的比较来进行。如果像读康德、柏拉图、斯宾诺莎那样来读老子，将一无所获。译文毕竟不像使用自己的语言那样直截了当，而像是透过含混不清、雾气蒙蒙或过于直接让人领悟的中间媒介才能理解其中的含义。况且，单音节的汉语以及汉语书面语言的特征，对我们来说都是极为陌生的，因此不是汉学家的人是不可能确定其确切性的。（参阅：如哈克曼）[87]

雅斯贝尔斯能通过译本和研究著作，而不用通过研读原文，迅速把握住这些经典的精髓所在，这是跟他所选择的这些资料有很大关系的。在这里，他对《道德经》译本的研读，很像是东晋时期道安"合本会译"方法的运用，即以不同的般若系经典译本，互相参照补充。道安的弟子僧叡后来参加了鸠摩罗什的译场，他在《大品经序》中认为道安对性空的理解是符合般若思想的："标玄指于性空，……亹亹之功，思过其半。"[88]

史陶斯认为，欧洲人在意义的理解方面长于中国人，但中国人对词语含义细微之处的理解却有许多值得欧洲人学习的地方。《道德经》文本的内容大多短小简练，一个字往往蕴含多层的含义，史陶斯在释意的前提下也尽量追求与中文原文的对应，并且在此基础之上做到德文言简意赅以及词语押韵。在论及"道"这一老子思想的基本概念时，卫礼贤将其转译作"Sinn"，其他的德语译者还尝试把"道"翻译为"理性"（Vernunft）、"逻各斯"（Logos）、"上帝"（Gott）、"道路"（Bahn）、"正道"（rechter Weg）等。雅斯贝尔斯认为，"如果把道看作人格化了的神——男性或女性，那么可以把它称作'der Tao'（"道"（阳性名词））或者'die Tao'（"道"（阴性名词））。不过译作'das Tao'（"道"（中性名词））无疑是恰当的。"[89]毫无疑问，对于"道"这种难以翻译的哲学概念，史陶斯的直译方式给予了读者最大的想象空间。

2. 汉学家史陶斯以及其他学者对"轴心时代"观念形成的影响

史陶斯的《道德经》译本不仅为雅斯贝尔斯论述老子思想提供了底本，同时也为他"轴心时代"（Achsenzeit）观念的形成提供了史实。

雅斯贝尔斯除了对史陶斯的《道德经》译本倍加赞赏外，他在

《论历史的起源与目标》一书中，还援引了史陶斯在《老子》译本中有关"轴心时代"史实的评论：

> 在中国老子和孔子生活的前后几个世纪中，所有的文化民族都经历了一场神奇的精神运动。在以色列，耶利米、哈巴谷、但以理、以西结在预言着，从巴比伦归来的囚徒以重新复兴的一代的身份（公元前521至公元前516年）在耶路撒冷建立了第二座神殿。在希腊人中，泰勒斯依然活着：阿纳克斯曼德、毕达哥拉斯、赫拉克利特、色诺芬尼纷纷登场，巴门尼德已经出生。在波斯人当中，查拉图斯特拉对古代教义的重大改革，似乎也得到了实施。在印度则出现了佛教的创始人——释迦牟尼。"[90]

在这里，作为汉学家的史陶斯所谓"在中国老子和孔子生活的前后几个世纪中"的"神奇的精神运动"其实可能包括两次较大的突破：一是周灭殷商之后，周人从殷商神权崇拜和天命观的禁锢中苏醒过来，历史意识获得了解放；二是老子、孔子生活的春秋时代，周王室已经式微，礼乐文明一蹶不振，孔子因此提出了"仁"、老子提出了"道"等著名的学说，从而使历史意识再次获得解放。正是这两次突破，构成了中国智者终极关怀的觉醒。在雅斯贝尔斯的著作中只提到了春秋战国百家争鸣阶段的突破期，但无疑这是接受了汉学家史陶斯以上的看法。正是史陶斯和其他历史学家对轴心时代史实的描述，促使雅斯贝尔斯深层次地去思考这样的一个问题：纵观轴心时代的全貌，亦即中国、印度和希腊的先哲在这一时期都开始意识到整体的存在，自我以及自我的局限[91]，而这些不可能是历史的巧合所造成的幻觉游戏。雅斯贝尔斯确信，这背后隐藏着某种深刻的共同的东西，即人之存在的根源（Ursprung des Menschseins）。[92]

而轴心时代更为精确的共时性，以及跟有意识、有思想的整个人类精神史的密切关联[93]，也使雅斯贝尔斯开始探究：究竟是什么造成了轴心时代的史实呢？史陶斯对这一现象的解释，无疑对雅斯贝尔斯极具启发性。史陶斯认为：

> 历史上并不缺乏这一类似现象，并且通过它们可以推测出非常神秘的法则。这一现象一方面由于其共同根源，可能有人类的整个有机体方面的原因，而另一方面则具有更高的精神潜能的影响力作为其前提，这就好像是自然的花茎只有通过生机勃勃的阳光的反复照射才能展现其壮丽景色一般。[94]

尽管雅斯贝尔斯认为，与其说史陶斯是在解释"轴心时代"产生的原因，毋宁说他是用另一种方式来说明这一神秘现象。史陶斯的错误在于，通过整个历史上的类似的例子，轴心时代类似现象的历史事实的独特性降低了。[95]尽管如此，史陶斯所列举的史实对雅斯贝尔斯形成"轴心时代"观念的影响却是无疑的。

（二）"道"与统摄

在《老子》这一篇中，雅斯贝尔斯分三部分来阐述老子：第一部分是对老子的生平及著作做了简单的介绍；在第二部分，雅斯贝尔斯通过对"道"以及"道"与世界、生命的实践和驾驭人类社会的实践做了论述，这也是雅斯贝尔斯对其自身观点在老子哲学中反映的论证；而最后一部分——独特性与批判，雅斯贝尔斯总结了老子哲学观点的特色及其局限性。

1. 对《道德经》的评价

雅斯贝尔斯对老子的《道德经》有非常高的评价：

> 展现在读者面前的是一部卓越的和谐之作。相同的思想以多种多样的变通方式予以重复，它是事实上的而并非靠文字假名所阐明的一贯的体系，我们能明显地感觉到这一特征。尽管书中并没有条理清晰的术语，但是从中依然可以把握住对事物整体性进行阐述的方法。它那充满悖论的语句所产生的说服力（不包括那些头脑中机智俏皮话的随意性），缜密的态度以及那被引向似乎是神妙臆测境界的思想深度，使这部书成为了一部不可替代的哲学著作。[96]

雅斯贝尔斯的哲学努力在于改变学院派哲学的体系传统，建立一种真正对人的实存有实质意义的新哲学。而老子对问题的阐述方式，让雅斯贝尔斯感到耳目一新。

按照从古希腊流传下来的哲学分类传统，西方将哲学分为形而上学、宇宙起源说、伦理学以及政治学。当雅斯贝尔斯带着这些标签想对老子的思想做分类时，他却没能成功：

在老子那里，所有这一切都包容在"太一"之中，这是老子敏锐深刻的基本思想。在每一个短短的章节、有限的几句话中，就同时包罗了所有以上四个方面的要素。在对这些章节进行阐述及逐一进行论述时，会涉及这一哲学中的一种基本思想或对生命的认识。只有当这个"太一"在现实中相继为人们所认识时，这一阐述才算是达到了目的。[97]

雅斯贝尔斯在使用西方的哲学术语研究老子时，明显地感到了西方哲学的局限性。"太一"是跟雅斯贝尔斯的"统摄"非常接近的概念，因此，老子在阐述"道"时所使用的否定式的表达方式（negative Formulierung），也为雅斯贝尔斯认识统摄提供了很好的借鉴。雅斯贝尔斯认为，去进行"做哲学"的尝试表明，一切存在的思想（alles Denken des Seins）仅仅是存在和最终真理究竟是什么的"失败的表达"（der scheiternde Ausdruck）。[98] 如何用有形的哲学概念来表达无形的"太一"，为了避免人们将之误解为有限的存在物意义上的东西，必须要用一种无限的统摄的抽象思想来代替对周围一切有限事物的想象。与"统摄"一样，老子的"太一"也不在分裂之中，中国智者对它的认知方式，无疑是极具启发性的。

2. 道乃统摄

如果要研究雅斯贝尔斯对老子的认识，我们就无法脱离他所处的德国思想语境。作为 20 世纪上半叶最重要的实存哲学家之一，雅斯贝尔斯对老子的研究在很大程度上是考察在人类历史上中国文明是以何种方式达到"统摄"的，老子在达至终极真理的方式方面，给予了雅斯贝尔斯极大的启发。同时，雅斯贝尔斯一直有建立世界哲学的雄心,这也奠定了他理解欧洲以外哲学的兴趣。他开始以崭新的视角来审视欧洲以外的文明和哲学。因此,雅斯贝尔斯在研究老子时的思考路径和分析方法,是非常值得我们关注的。

实际上,雅斯贝尔斯是在西方和中国思想传统的对比之中认识作为哲学家的老子的,老子对生命和社会的思考也使得雅斯贝尔斯对他哲学中的一些既定概念和范畴做了反思。

雅斯贝尔斯在对老子哲学进行阐述时,一开始便提出了三个问题:"第一,道是什么;第二,宇宙万物是如何从道中产生,又是如何归于道的;第三,作为个体的人以及国家统治状态下生活的人,是如何在道中生活的,又是怎样失去道,复又重新赢得它的。"[99]随后,雅斯贝尔斯对这几个问题进行了实存哲学式的解答。关于"道是什么"的问题,雅斯贝尔斯很自然地将"道"与实存哲学中的"统摄"概念结合起来予以阐释。在雅斯贝尔斯看来,"统摄"是那样一种东西,其自身并不显现,一切别的东西却在它的里面对我们显现出来。而老子在《道德经》中所描述的道也正符合"统摄"的这一特性:"道可道,非常道;名可名,非常名。无名,天地之始;有名,万物之母。"[100]"道"是不可言说的,是看不见、听不到、摸不着的,只可能通过世间的"存在物"让我们感受到它的存在。雅斯贝尔斯通过《道德经》中老子对道的表述,对道的定义、特性、表现形式等进行分析,说明作为物质本源概念存在的"道"便是他实存哲学中的"统摄":"'道'存在于充满一切可能性的虚空而不是世界的所有纯粹现实性之中——我们可以如是解释'道',跟存在相比它更多地存在于非存在之中;与所有具体的可以区别的、被规定了的存在物相比，它更多地存在于无差别的基础之中。"[101] 雅斯贝尔斯在"道"与"统摄"中找到了共同之处，而作为对事物本源性探讨的"统摄"便是老子所提出来的"道"。

雅斯贝尔斯从老子的"道"中看到了他自己哲学中的核心概念"统摄"，他不仅认为这两者可以相互比较，甚至认为在某种程度上可以互为解释。"道"自身尽管是一个绝对肯定的整体，但并不能用语言予以直接定义，而必须通过否定性的表述予以说明。"统摄是那一直在昭示着的东西……其自身永远不会成为对象或地平线。它是这样一种存在，其自身不出现，但其他一切皆从中向我们显现。"[102] 雅斯贝尔斯一再强调，"统摄"跟"存在"一样，都是不可以被揭示为对象物的。[103] 因为"统摄"存在于主客体的分裂之前。它是一切对象物的根本、源泉，一旦用肯定的方式予以定义，它就会对象化。雅斯贝尔斯在解释"道"的时候说："如若要谈论道，那必然要用否定的陈述形式……如果想要肯定地说出其存在，这就意味着只是暂时的、有限的描述。"[104] "道乃统摄。"[105]

显然，世界是处于主客体分裂之中的，而"统摄"尽管包含了这一分裂，但其自身是不可能成为客体的。一旦我们进行思考，势必落入分裂的状态之中，但正是通过分裂后的对象性的临界状况，我们才会得到有关"统摄"的暗示，进而达到"统摄"本身。跟"道"一样，"统摄"也不可以成为思考的对象，且它成为了思想的内容，就不再是真正的、没有分裂的"统摄"了：

> "道"是先于世界之生成而存在的，故而它先于一切的差别。它是作为自在而被想象出来的，因此既不能与他物相比

照,也不能在自身之中被区别。因而在"道"之中,譬如实然与
应然是同一的;世界中被分离的,相互对立的一切在先于世界
之时是一体的;万物发生发展所遵循的法则,跟其所应当遵循
的是同一个法则;自古以来就一直存在的秩序,跟真正合乎道
德规范的行为所产生的秩序并无两样。但是这一对立的同一
存在不能就此被理解为世界之中的一个特殊存在,也不可能
是世界的全部。它是先于世界而存在的,也是世界的终极。
世界的形成意味着分离与区别,分裂与对立。[106]

表面上雅斯贝尔斯是在叙述先于世界生成而存在的"道",实
际上这一切正暗合了他的"统摄"的观念。

雅斯贝尔斯认为,跟人类社会上所有最伟大的哲学家一样,老
子并没有把自己的思想囿于已知的事物上,而是从"统摄"中捕捉
着思考的源泉。他那延伸至最深远处的思想真可谓无所不包。老
子本人并不能被归于神秘主义者、伦理学家、政治家。老子的"道"
是在超越了所有有限性时达到的最深层次的宁静,而有限本身,只
要它们是真实的、现实的,也都充满着"道"。那么,"做哲学"便活
在了世间,进入了世界的根源之中。[107]

雅斯贝尔斯同样认为:

此类做哲学的界限只有通过那些被超越之物在出现或不
出现时,通过作为在时间性意识中不可避免的现实中间环节
时,才显露自身。因为这些中间环节乃是进行超越的阶梯,或
者说是使现实得以成为当下的方式,也正是借助于现实,根源

157

才会被体验得到。这些中间环节在超越之中予以保留，并赋予如果没有它们的存在就变成空虚的超越以内容。在老子那里所感觉得到的局限并非在他哲学思想之巅峰，而是处于这些中间阶段里。[108]

我们知道，雅斯贝尔斯在探究终极的真理时，很少谈及存在，他所关注的是存在的方式；很少谈及"统摄"，他所关注的是接近或达到"统摄"的方式。因此对他来讲，在"得鱼"之前，"筌"依然是至关重要的。

3. 作为世界和一般意识的道

在将"统摄"运用到对"道"的诠释之后，雅斯贝尔斯便可以基于其实存哲学的观念体系来对"道"与世界、与人等的关系进行考察。雅斯贝尔斯认为，统摄的出现有两个基本方式："其一是存在本身（Sein selbst）在其中得以显现的统摄，称作世界。其二是我存在（ich bin）和我们存在（wir sind）的统摄，称作一般意识（Bewußtsein überhaupt）。"[109] 在"道与世界"中，雅斯贝尔斯考察了"道"显现而成之世界，他通过《道德经》中的论述分析总结了"道"存在于世界之中的各种特征，从"'道'是作为虚无而存在的"，到"'道'作用着，仿佛不在起作用"，直到最后认为"'道'处于善恶彼岸，却益处无穷"。[110] 雅斯贝尔斯以他自己对老子在《道德经》中对道描述的理解，表述了作为万物本源的"道"是如何显现于世界的。之后，基于其统摄的观念，雅斯贝尔斯并没有详细论述老子之"道"是如何创造世界万物的，而是详细地描述了世界之生成与"道"的存在和作用，即"'道'原本是一分为二的"，"具备世界存在的基本要素"[111]，等等。

对世界形成之前作为本源存在的"道"的探寻实际上就是对"统摄"的澄明，而统摄出现的第二种基本方式"一般意识"，是对人的意识和个体实践的探究，这在老子哲学中体现为道与个体的人、道与国家之统治是如何相互作用的。雅斯贝尔斯认为人是不可以被限定的，所有个人的形态表现都是其无限而未知的全体的局部现象而已，因此他特别尊重"每一个个体的无限性"。[112]在他看来，"实存并非真实存在（Sosein），而是存在之可能（Sein-können），也就是说，我不是实存，而是实存的可能，我并不拥有自身，而是趋向自身"。[113]对于人的关注一直是雅斯贝尔斯实存哲学中的重要部分，道与个体的人这一部分所谈及的便是生命的实践——作为人的基本特征：通过"无为"来起作用，以"无"获得"有"，依靠"柔"达至"刚"。[114]但这一切并非总是必然发生的，人可能发生对"道的背离"："最为本质的背离乃是自我意志，与此相同的尚有行为的蓄意，其中包括对自我的审视，以及存心的、有目的的钻营。"[115]雅斯贝尔斯通过老子《道德经》对"德"的描写得出了人背离道的原因及影响，认为老子所说的"德"即高尚的品德，也即真正的生活，而这种生活是与道共存，并与道息息相关的——因"道"而可"德"，因"德"而得"道"，亦如雅斯贝尔斯所说，"人也只有遵循着'道'才可能走上正确的道路"。[116]雅斯贝尔斯认为，"蓄意"和"自我意志"（Sichselbstwollen）则表现在对事物某一方面的过度关注而忽视了对立中的统一，缺少整体的眼光，从而导致了道的背离。这种背离使人失去了包容性统摄，失去了道，同样也可能失去德。[117]

如何才能从道的背离中回归呢？如果我们从雅斯贝尔斯实存

哲学观来看这个问题，也就是如何能实现超越。雅斯贝尔斯认为老子是通过"无为"来实现的："这一无作、无为，可以理解为所达至的无心境界的起源。""无为乃是源自根源的自发性行为本身。"[118]雅斯贝尔斯认为，唯有通过无为才能达到与道一体之存在。就像是"临界境况"所指向的是虚无或超越一样，尘世间的生命实践所展示给我们的同样是"无或永恒"（Nichts oder Ewigkeit）。[119]

除生命的实践之外，雅斯贝尔斯也论述了驾驭人类社会的实践，亦即道与国家之统治。在此，雅斯贝尔斯认为老子依旧以"无为"为其根本指导思想。统治时"无为而治"，战争上"以柔克刚"，刑罚方面也是"天网恢恢，疏而不失"。[120]雅斯贝尔斯认为，道是根源性的真理（die Wahrheit des Ursprünglichen）——"它触及人类最高可能性的源泉"。[121]

雅斯贝尔斯在最后一部分具体分析了老子哲学的独特性及其局限性。雅斯贝尔斯认为"老子的思想所针对的是统摄在我们之中以及之外的根源。这一思想提醒我们记起在有目的的意志和有限的悟性之空隙中常常被忘却了的东西。……老子提醒我们，如果人类不愿沉沦于虚无，那就不应该与这一根源分离"。[122]这样的一个根源当然是没有分裂之前的"统摄"。各种效仿老子的人物，雅斯贝尔斯提到的有隐者、生活艺术家、文学家、术士和暴力政治家，他们完全没有理解老子的思维方式，从而将老子词句中对象化的内容直接作为能够认知的东西并作为行为规范，对老子传达的思维方式产生误解，"不仅没有朝着不可言说的方向发展，反而更多地被误解为是对存在之对象性的认识，或者作为伦理行为的规定或正确的国家制度的构想"[123]，因此雅斯贝尔斯得出了这样的结论:"最为深刻的思想家也会遭到最为极端的颠倒。"[124]

雅斯贝尔斯在老子的哲学中也发现了其局限性:"在任何的苦痛之中,老子都保持着乐观的心境。"[125]他也将老子对现世的肯定与佛教和基督教做了比较:

> 人们既不知道佛教轮回给人构成的威胁,因此没有想要逃出这痛苦之轮的内在的强烈渴望,也没有认识到基督教的十字架,那种对回避不了的原罪的恐惧,以及对上帝让人子以牺牲自己来救赎人类原罪恩典的依赖。[126]

正因为没有像佛教和基督教那样在现世和天国间有巨大张力的存在,老子思想中缺乏进行超越的阶梯。但雅斯贝尔斯也指出:"在老子那里所感觉得到的局限并非在他哲学思想之巅峰,而是处在这些中间阶段里。"[127]

如果从雅斯贝尔斯的"交往"理念来看,老子思想在这方面显然也是不足的。在雅斯贝尔斯看来,个人只有与他者进行交往时才能成为真正的自我,而真理虽然源于统摄,也只有在交往中才可能走向通往真理之路。强调无为、顺应自然等观念的老子,缺少的正是交往:

> 充满生机的问答以及新的提问,选择、决定、决断,这一悖论的基本现实性即在时间中判断何谓永恒等的重要性。因此,老子缺乏与"道"之中的终极之虚静不同的、在时间之中不停运动着的、自我反省的开端;缺乏自我澄明、自我交往,无法

驱除一再要出现的自我欺骗、隐蔽及颠倒。[128]

雅斯贝尔斯通过时代的问题意识，通过做哲学而使得包括老子在内的哲学家们成为我们同时代的人。

五、孔子、老子与哲学的信仰[129]

在孔子和老子身上，雅斯贝尔斯所认识到的并非对道德的有限的尊重，在这两位中国哲学家身上他认识到了一种对超越的认识。

雅斯贝尔斯曾以文艺复兴时期的意大利哲学家布鲁诺（Giordano Bruno）以及另一位意大利科学革命的重要人物伽利略（Galileo Galilei）为例，对"信仰"（Glaube）和"知识"（Wissen）进行了区分。罗马宗教法庭让他们撤回自己的学说，并且以死亡相威胁。布鲁诺准备收回他的许多论断，但对指控包括否认数项天主教核心信条及其泛神论思想并不反悔，其结果是于1600年在罗马鲜花广场被处以火刑。而同样捍卫日心说的伽利略，在审讯中宣布放弃地球围绕太阳旋转的理论，之后却喃喃道："但是，地球依然在转啊。"雅斯贝尔斯认为，这两者的区别是：遭受了撤回的真理，以及不容侵犯的真理。我赖以生存的真理之所以存在，是因为我与它是一体的；它作为一种现象是具有历史性的，当它被客观地表述出来时，并不具有普遍性，但它是一种绝对的（unbedingt）真理。而一个其正确性可以被我证明的真理，其存在是无我的；它是普遍有效的，是无历史、无时间的，但并非绝对的，它涉及与有限事物相关的对认识的各种前提和方法。为可证明的正确性而愿意赴死，这是不恰当的(ungemäß)。[130]

也就是说,在雅斯贝尔斯看来,"知识"是普遍有效的,具有科学的立场,以及逻辑的正确性;而"信仰"则是对宗教性真理的追求,这是孔子所具有的立场。因此,对宗教真理的说明,实际上是与知识的正当性相对立的。在他看来,与伯夷、叔齐乃至苏武这些按照一种限定的道德规范来生活的人不同,孔子是一位在道德上难以触及的存在。

何谓"哲学的信仰"(philosophischer Glaube),雅斯贝尔斯解释道:这是一种通过历史和思想的媒介而与存在融为一体的信仰,这是一种在主-客体分裂之前的存在,是"统摄"。这是无法以课题的方式获得的存在,哲学的信仰一直处于一种无限的开放状态之中。因此,哲学的信仰不可能成为信仰的内容和教条。它不可能被固定在普遍的命题之中,也不可能在世界的有限事物之中去寻求。[131]

雅斯贝尔斯认为,由于交通的发达,人们的接触和交流变得愈来愈频繁,除了基督教,与之并列的另外两大宗教圈也为人们所熟知:印度的《奥义书》和佛教,中国则有孔子与老子。[132]对雅斯贝尔斯来讲,正是通过"做哲学"的方式认识到的"哲学的信仰",使他认识到,同样作为哲学诞生地的印度和中国,其思想理应被纳入讨论的范畴,"哲学超越了《圣经》的宗教"。[133]

不论在讨论孔子,还是在讨论老子,雅斯贝尔斯都将"交往"(Kommunikation)作为一个核心的概念予以考察。在雅斯贝尔斯看来,哲学的信仰不仅不是一种个人孤独的行为,而且是一种相互联系的信仰。理性要求一种无限的交往,理性本身就是完全的交往意志（der totale Kommunikationswille）。我们不可能在时间之中拥有作为客体所有物的永恒真理，现实存在只有基于其他的现实存在才有可能，实存也只有基于其他的实存才有可能。因此，在雅斯贝尔斯看来，"哲学的信仰"这一概念也可以被称作"对交往的信仰"（Glauben an Kommunikation）。他同时举出了两个非常重要的论断："真理是将我们联系在一起的东西（Wahrheit ist，was uns verbindet.）"以及"真理的根源在交往之中（In der Kommunikation hat Wahrheit ihren Ursprung.）。"[134]

在雅斯贝尔斯看来，孔子从来没有对信仰的内容予以限定。"因此，一位哲学家的自由只有基于他者的自由，他的生命只有基于与其他人的交往才有意义。有一次，一个傻瓜冲着孔子喊道：'他就是那位明知道做不到，却要去做的人吧。'——这是对有限的知识来讲的真理，它将其表面性绝对化了，而不可动摇的真理则是哲学信仰的深层真理。"[135]从这里可以看出孔子希望在"世界中"通过与他人的交往来实现其真理的基本立场。

尽管孔子后来被奉为儒家的创始人，老子被奉为道家的创始人，但他们并非后来意义上儒教和道教的真正的信徒。在雅斯贝尔斯看来，不论是孔子还是老子，都是不受特定宗教信仰内容约束的人，他们超越了特定的信仰。人在临界境况之中会将自己开放，而正是诸如死亡、痛苦、罪责等的挫折的经验给人生经验带来超越意识。有了这个超越性后，日常的经验也将成为超越的暗号。人的理性在这些暗号之中寻求意义，孔子宣告的古代之声，老子的"道"，这就是"哲学的信仰"之开端。

六、结论

汉学家福兰阁认为,孔子将过去绝对化,不是让人们面对未来,而是想使民众再回到历史之中去。他进而认为,在有序的人类社会中,人们永远不应当超越此岸的界限,由此他将自然的、形而上学的需求令人失望地搁置了起来。[136]针对福兰阁的看法,雅斯贝尔斯认为,这样的评价对那些脱离了正道的儒家在很大程度上是正确的,但对孔子来说显然是不合适的。[137]鲍吾刚(Wolfgang Bauer)在《中国人的幸福观》(德文版 1971/1974,英文版 1976)[138]中对西方流行的观点"中国一直都在向后看,他们的全部理想都是从过去中吸取的,他们对未来不感兴趣"进行了批驳,他指出:

> 在中国产生的几乎所有世界观中,与过去保持和谐一致的那种重要性广为人知。但是,这种现象最根本的含义却仍然没有被充分理解。很显然,其所扮演的角色和西方思想里的那种尚古——最显著的是在沙漏这种形象中——完全不同,它形成一种和未来的关联,而且永远和被压缩的、基于一点的"现在"相连。在中国,过去就像是现在的拓展;它几乎总是构成了某种基础,在此基础之上,将此时此世作为自己筹码的思想彼此冲突着。在这意义上,过去实际上就是现在。[139]

实际上,中国人对现实和未来的憧憬是以和西方人不一样的方式进行的。雅斯贝尔斯尽管没有像从事几十年汉学研究的鲍吾刚一样对此认识得那么清楚,但也已经充分意识到了这一点。在雅斯贝尔斯看来，"孔子更像是一种一往无前的生命力，因为即使是在被固定了的各种形式之中，他也是当下存在的"。[140] 在雅斯贝尔斯对孔子的阐释中，明显地可以感觉到蕴含着一种对于当代西方人心灵危机的关怀。

雅斯贝尔斯是对老子进行哲学研究的西方哲学史上一位重要的哲学家。他在史陶斯译本，在卫礼贤、哈克曼、佛尔克乃至岑克阐释的基础之上，尝试对老子进行全新的诠释，在很多方面都取得了突破性的新理解。雅斯贝尔斯对老子研究的问题意识以及研究视角背后的哲学渊源，也是理解雅斯贝尔斯哲学的一个绝佳的路径。他是在西方思想传统和中国的对照中，去认识老子思想性质的，其中也包括对他自己哲学中的一些既定概念和范畴的自觉反思。

通过以上考察，我们可以清楚地认识到，老子的学说与雅斯贝尔斯的哲学观念构成了一种不断相互激荡、相互交错的动态关系。一旦将这二者连结到了一起，就可以发现雅斯贝尔斯的"统摄""实存""轴心时代"等观念，因老子乃至中国哲学的存在而彰显了其世界性的维度；同时，借助于作为实存哲学大师雅斯贝尔斯的复述，老子等中国思想家变得鲜活起来，从而更符合时代的要求。作为主流思潮的哲学家，雅斯贝尔斯将老子的思想纳入其学术视野，可以说是非常重要的"事件"。正是经过康德、黑格尔、谢林、布伯（Martin Buber）、雅斯贝尔斯、海德格尔的哲学式的接受，[141] 老子逐渐成为德国哲学的一部分，与包括雅斯贝尔斯、海德格尔在内的这些哲学家不断进行着富有创造性的对话。从中国的角度来看，雅斯贝尔斯对老子思想阐释的意义在于，中国文化自身的潜力是否能够迎接西方的挑战,而同时避免切断与传统的关联,走出传统/现代、东方/西方的二元对立。一定意义上可以说,正是在雅斯贝尔斯的努力之下,欧洲哲学与中国哲学真正进入到一种相互影响、互为转化的动态过程之中。

注释

[1] 卡尔·雅斯贝尔斯著,李雪涛等译:《大哲学家》(修订版),北京:社会科学文献出版社,2012 年,"导论"第 1 页。

[2] Cf. Hans Saner, *Karl Jaspers*, Reinbek bei Hamburg: Rowohlt Taschenbuch Verlag G, bH, 1970, S. 78.

[3] "做哲学"的用法源自康德。雅斯贝尔斯认为,"做哲学"有三种形式(过程):其一是我们每天内在行为之中的实际(praktisch)研究(也就是"哲学"在古希腊时期的原意,即"爱智慧";康德在《实践理性批判》中提到的是"Liebe zur Weisheit"或"Liebe zur Wissenschaft");其二是借助于各种科学、范畴、方法和体系,在内涵中去体验的实质(sachlich)研究(海德格尔特别重视此点);其三是通过使哲学的传统化为己有的历史(historisch)研究(也就是习得的过程,属于教育概念)。Cf. Karl Jaspers, *Was ist Philosophie?* München: Piper Verlag, 1976, S. 111.

[4] 卡尔·雅斯贝尔斯著,李雪涛等译:《大哲学家》(修订版),"前言"第 3—4 页。

[5] 卡尔·雅斯贝尔斯著,李雪涛等译:《大哲学家》(修订版),第 140 页。

[6] 戴密微著,胡书经译:《法国汉学研究史概述》,载阎德纯主编:《汉学研究》第 1 辑(1996 年 7 月),第 42 页。胡书经在此处误作"唐复礼",后经宁波大学马骥博士指出,应当是唐在复、唐在礼两兄弟中的兄长唐在复。唐在复可以算作沙畹的私淑弟子。

[7] *Tao te king*, aus dem Chinesischen übers., mit Einleitung versehen und erläutert v. J. Grill, Tübingen 1910. S. VI.

[8] *Ibid.*

[9] 相关的研究见顾彬:《布莱希特与中国》,收入顾彬著,李雪涛、张欣编:《德国与中国:历史中的相遇》(听顾彬讲汉学),桂林:广西师范大学出版社,2015 年,第 195—235 页,此处见第 219 页及以下多页。

[10] 这包括《中国的生活智慧》(*Chinesische Lebensweisheit*, 1922)、《老子和道家》(*Laotse und der Taoismus*, 1925)、《中国文学史》(*Die Chinesische Literatur*, 1926)、《歌德和老子》(*Goethe und Laotse*, 1928),等等。Cf.,

Salome Wilhelm, Vorwort „ zur 11. Auflage. In: Richard Wilhelm, *Laotse. Tao Te King. Das Buch des Alten vom SINN und LEBEN* “. Überarbeitet Auflage. Jena: E. Diederichs, 1957. S. 8.

[11] Cf., Helge Dvorak, *Biographisches Lexikon der Deutschen Burschenschaft.* Band I: Politiker. Teilband 6: T—Z. Heidelberg: Winter, 2005, S. 242.

[12] 这部译本一直到 2015 年依然不断再版: *Mein Land und mein Volk. Aus dem Engl. von Wilhelm Süskind. Hrsg. und bearb. von Thomas Heberer, unter Mitarb. von Nora Frisch. Esslingen: Drachenhaus-Verlag, 2015。

[13] 英文版: Lin Yu-tang, *The Wisdom of Laotse*, translated, edited and with an introduction and notes by Lin Y. Modern Library, New York, 1948。

[14] 本书第 55 页。

[15] Bernhard Rudolf Abeken, „ Johann Jakob Griesbach, Doktor der Theologie und erster Professor derselben in Jena“. In: Friedrich Christian August Hasse: *Zeitgenossen. Ein biographisches Magazin für die Geschichte unserer Zeit.* Leipzig: F. A. Brockhaus, 1829, 1. Bd., S. 3 - 64.

[16] Alfred Forke, *Geschichte der alten chinesischen Philosophie.* Hamburg: L. Friederichsen and Co., 1927. S. 243 - 283. 有关佛尔克的这三部中国哲学史的巨著,1939 年方志浵曾撰文专门做了详细的介绍。参见方志浵:《佛尔克教授与其名著〈中国哲学史〉》,载《研究与进步》第一期(1939 年 4 月),第 32—39 页。

[17] 巴斯蒂著,胡志宏译:《19、20 世纪欧洲中国史研究的几个主题》,载任继愈主编:《国际汉学》第 8 辑(2003 年 5 月),郑州:大象出版社,第 286—296 页,此处见第 293 页。

[18] 顾彬(Wolfgang Kubin)教授在谈及由他主持编撰的十卷本《中国文学史》(*Geschichte der chinesischen Literatur*)时,一再强调格罗贝的这部文学史的价值所在。

[19] Wilhelm Grube, *Geschichte der chinesischen Literatur*, Leipzig: C. F. Amelangs Verlag, zweite Ausgabe, 1909. S. 139 - 172.

[20] Richard Wilhelm, *Chinesische Philosophie*, Breslau: Ferdinand Hirt, 1929.

[21] Ernst Victor Zenker, *Der Anarchismus. Kritische Geschichte der anarchistischen Theorie.* Fischer, Jena, 1895.

[22] E. V. Zenker, *Geschichte der chinesischen Philosophie zum ersten Mal aus den Quellen dargestellt.* Erster Band. Das klassische Zeitalter bis zur Han-Dynastie (206 v. Chr.), Reichenberg: Stiepel 1926. Zweiter Band. Von der Han-Dynastie bis zur Gegenwart, Reichenberg: Stiepel, 1927.

[23] Cf., Bernhard Führer, *Vergessen und verloren. Die Geschichte der*

österreichischen Chinastudien. Bochum: projekt verlag, 2001, S. 126 - 128.

[24] E. V. Zenker, „Taoismus der Frühzeit. Die alt- und gemeinchinesische Weltanschauung". *Sitzungsberichte der Kaiserlichen Akademie der Wissenschaften in Wien / Österreichischen Akademie der Wissenschaften, phil.-hist. Klasse 222.2*, Wien: Hölder-Pichler-Tempsky, 1943.

[25] Cf., Karl Jaspers, *Philosophische Autobiographie*. München: R. Piper &. Co. Verlag, 1977. S. 75 - 76.

[26] Karl Jaspers/Heinrich Zimmer: Briefe 1929 - 1939, aus den Nachlässen zusammengestellt von Hans Saner und Maya Rauch, in: *Jahrbuch der Österreichischen Karl-Jaspers-Gesellschaft*, hrsg. v. Elisabeth Hybašek und Kurt Salamun, Jahrgang 6 [1993], VWGÖ-Wien, S. 7 - 24.

[27] 1957 年 2 月 24 日雅斯贝尔斯写给汉娜·阿伦特(Hannah Arendt)的信中,在谈及施美美(Mai-Mai Sze)所著的《绘画之道》(*The Tao of Painting*, New York 1956)一书的参考书目时写道:"当我看到参考文献时,感到异常悲哀,在世界上我们德文的东西已经不复存在了,最著名的、难以望其项背的史陶斯的《老子》译本和评论,竟然在本书中没被引用,反之所有引文均为英文和法文。"见: *Hannah Arendt / Karl Jaspers. Briefwechsel 1926 - 1969*, hrsg. von Lotte Köhler und Hans Saner, München, Zürich: Piper Verlag, 1993, 2001(2. Aufl.), S. 349。

[28] 汉斯-格奥尔格·伽达默尔著,陈春文译:《哲学生涯——我的回顾》,北京:商务印书馆,2003 年,第 197 页。

[29] 卡尔·雅斯贝尔斯著,李雪涛等译:《大哲学家》(修订版),第 183 页。

[30] 卡尔·雅斯贝尔斯著,李雪涛等译:《大哲学家》(修订版),第 185 页。

[31] 卡尔·雅斯贝尔斯著,李雪涛等译:《大哲学家》(修订版),第 183—184 页。

[32] 卡尔·雅斯贝尔斯著,李雪涛等译:《大哲学家》(修订版),第 184 页。

[33] 卡尔·雅斯贝尔斯著,李雪涛等译:《大哲学家》(修订版),第 185 页。

[34] 卡尔·雅斯贝尔斯著,李雪涛等译:《大哲学家》(修订版),第 185 页。

[35] 卡尔·雅斯贝尔斯著,李雪涛等译:《大哲学家》(修订版),第 185 页。

[36] 卡尔·雅斯贝尔斯著,李雪涛等译:《大哲学家》(修订版),第 186 页。

[37] 卡尔·雅斯贝尔斯著,李雪涛等译:《大哲学家》(修订版),第 187 页。

[38] 本书第 37 页。

[39] 本书第 37 页。

[40] 卡尔·雅斯贝尔斯著,李雪涛等译:《大哲学家》(修订版),第 188 页。

[41] 卡尔·雅斯贝尔斯著,李雪涛等译:《大哲学家》(修订版),第 193 页。

[42] 本书第 33 页。

[43] 司马迁著:《史记》,北京:中华书局,1959 年,第 1944 页。

[44] 本书第 27 页。

[45] 本书第 6 页。

[46] 本书第 35—36 页。

[47] 本书第 44 页。

[48] 本书第 7 页。

[49] Karl Jaspers，*Was ist Philosophie? Ein Lesebuch*，München，Zürich：Piper Verlag，1976. S. 391.

[50] 杨伯峻译注：《论语译注》，北京：中华书局，1980 年，第 66 页。

[51] 本书第 11 页。

[52] 本书第 7 页。

[53] 本书第 8—9 页。

[54] 转引自 Ram Adhar Mall und Heinz Hülsmann，*Die drei Geburtsorte der Philosophie*：*China*，*Indien*，*Europa*，Bonn：Bouvier Verlag，1989. S. 147。

[55] 本书第 11 页。

[56] 本书第 15 页。

[57] 本书第 15 页。

[58] Karl Jaspers，*Philosophie II. Existenzerhellung*. Vierte，unveränderte Auflage. Berlin，heidelberg，New York：Springer-Verlag，1973. S. 56.

[59] Karl Jaspers，*Was ist Philosophie? Ein Lesebuch*，München，Zürich：Piper Verlag，1976. S. 44.

[60] 本书第 17 页。

[61] 《中庸》第二十八章之四，见朱熹撰：《四书章句集注》，北京：中华书局，1983 年，第 36 页。

[62] 本书第 19 页。

[63] 本书第 20 页。

[64] 雅斯贝尔斯在论述到"贯穿万物的'一'"时写道："'我的整个学说贯穿着一个基本概念'：中（中庸）——必要时或许也可以解释为另一个词：恕（平等、相互性、慈爱）。"（本书第 29 页）不知道雅斯贝尔斯的这一解释的根据是什么。依据《论语·里仁》："曾子曰：'夫子之道，忠恕而已矣。'"在这里，"忠"无论如何是不可能解释为"中庸"的"中"的。孔子给"恕"下的定义是："己所不欲，勿施于人。"而"忠"则是"恕"的积极一面，乃是"己欲立而立人，己欲达而达人"。参考笔者对译文的注释：本书第 112 页，注 177。

[65] 本书第 22 页。

[66] 本书第 22 页。

[67] 本书第 30 页。

[68] 本书第 31 页。

[69] Karl Jaspers，*Philosophie II. Existenzerhellung*. S. 203.

[70] 本书第 31 页。

[71] 本书第 36 页。

[72] 本书第 38 页。

[73] 本书第 38 页。

[74] 本书第 38 页。

[75] 柳诒徵：《中国文化史》（上），北京：东方出版社，2008 年，第 226 页。

[76] 本书第 43 页。

[77] 本书第 43—44 页。

[78] 本书第 44 页。

[79] 本书第 44 页。

[80] 本书第 48 页。

[81] 本书第 45 页。

[82] 本书第 45 页。

[83] 参见 R. 艾尔伯菲特（Rolf Elberfeld）著，朱锦良译：《德国哲学对老子的接受——通往"重演"的知识》，载《世界哲学》2010 年第 6 期，第 7—28 页，此处请参考第 11—14 页。

[84] 卡尔·雅斯贝尔斯著，李雪涛等译：《大哲学家》（修订版），第 552—553 页。

[85] 有关雅斯贝尔斯对老子的研究，参见：R. 艾尔伯菲特，朱锦良译：《德国哲学对老子的接受——通往"重演"的知识》，载《世界哲学》2010 年第 6 期，第 16—17 页；哈·赫尔茨（Harald Holz）著，张慎译：《谢林和雅斯贝尔斯哲学中道的概念以及我的几点哲学评论》，载《中国哲学史》（季刊）1995 年第 3、4 期（1995 年 12 月 25 日《95 西安国际老子研讨会专辑》），第 113—123 页，此处请参考第 115 页及以下。

[86] 本书第 55—56 页。

[87] 本书第 55 页。

[88] 《大正藏》55—52c。

[89] 本书第 59 页。

[90] 卡尔·雅斯贝尔斯著，李雪涛译：《论历史的起源与目标》，上海：华东师范大学出版社，2018 年，第 16 页。

[91] 出处同上，第 9 页。

[92] 出处同上，第 19 页。

[93] 出处同上，第 22 页。

[94] 出处同上，第 23 页。

[95] 出处同上，第 23 页。

[96] 本书第 54—55 页。

[97] 本书第 57 页。

[98] Karl Jaspers, *Philosophie I. Philosophische Weltorientierung.* Vierte,

unveränderte Auflage. Berlin：Springer-Verlag，1973，S. 278.

[99] 本书第 56—57 页。

[100] 陈鼓应：《老子注译及评介》,北京：中华书局,1984 年,第 53 页。

[101] 本书第 60 页。

[102] Karl Jaspers，*Von der Wahrheit. Philosophische Logik.* Erster Band,
München 1947（4. Aufl. 1991）. S. 38.

[103] *Ibid.*，S. 37.

[104] 本书第 57 页。

[105] 本书第 60 页。

[106] 本书第 59 页。

[107] 本书第 95 页。

[108] 本书第 95 页。

[109] Karl Jaspers，*Existenzphilosophie. Drei Vorlesungen gehalten am
Freien deutschen Hochstift in Frankfurt a.M. September 1937.* Dritte
Auflage. Berlin：Walter De Gruyter & Co.，1964. S. 16.

[110] 本书第 60—62 页。

[111] 本书第 63—64 页。

[112] Karl Jaspers，*Allgemeine Psychopathologie.* Berlin：Springer-Verlag,
1913，S. 2.

[113] Karl Jaspers，Der philosophische Glaube angesichts der christlichen
Offenbarung. In：*Philosophie und christliche Existenz.* Hg. von G.
Huber，Basel-Stuttgart 1960. S. 29.

[114] 本书第 64 页。

[115] 本书第 65 页。

[116] 本书第 64 页。

[117] 本书第 65—66 页。

[118] 本书第 66 页。

[119] 本书第 74 页。

[120] 本书第 81 页。

[121] 本书第 84 页。

[122] 本书第 87 页。

[123] 本书第 90 页。

[124] 本书第 93 页。

[125] 本书第 94 页。

[126] 本书第 94 页。

[127] 本书第 95 页。

[128] 本书第 95—96 页。

[129] 这一部分的内容,参考了：田中 元「解説に代えて」,收入：田中 元訳

『孔子と老子』,东京：理想社,1967 年,第 179—204 页,此处见第 189—201 页。

[130] Cf. Karl Jaspers, *Der philosophische Glaube*, München：R. Piper & Co. Verlag, 1974, S. 11.

[131] *Ibid.*, S. 15 - 16.

[132] *Ibid.*, S. 86.

[133] *Ibid.*, S. 86.

[134] *Ibid.*, S. 40.

[135] *Ibid.*, S. 124. 雅斯贝尔斯在这里所引用的是《论语·宪问》中的一段："子路宿于石门。晨门曰：'奚自?'子路曰：'自孔氏。'曰：'是知其不可为而为之者与?'"

[136] 本书第 46 页。

[137] 本书第 46 页。

[138] Wolfgang Bauer, *China und die Hoffnung auf Glück*, München：Carl Hanser Verlag, 1971/1974；Wolfgang Bauer, *China and the search for Happiness*, NY：The Seabury Press, 1976.

[139] 鲍吾刚著,严蓓雯等译：《中国人的幸福观》,南京：江苏人民出版社,2004 年,"前言"第 5 页。

[140] 本书第 48 页。

[141] 参见 R. 艾尔伯菲特著,朱锦良译：《德国哲学对老子的接受——通往"重演"的知识》,载《世界哲学》2010 年第 6 期,第 7—28 页。

人名索引

B

巴斯蒂夫人（Marianne Bastid-Bruguiére，1940—　）——法国著名汉学家，主要研究领域是中国近代史，曾任巴黎高等师范学院副校长、法国国立科学研究中心研究员等职　129

鲍吾刚（Bauer，Wolfgang，1930—1997）——德国汉学家，曾任慕尼黑大学汉学教授　165，173

布伯，马丁（Buber，Martin，1878—1965）——奥地利犹太哲学家、翻译家，研究工作集中于宗教有神论、人际关系和团体　166

C

岑克，恩斯特·维克多（Zenker，Ernst Victor，1865—1946）——奥地利记者和政治家，业余汉学家，曾根据翻译文献研究讨中国哲学史　55，100，130，131，166

D

道安（314—385）——中国东晋佛教的中心人物　150

F

峰岛旭雄（Mineshima，Hideo，1927—2013）——日本哲学家、佛教学者，曾任教于早稻田大学　122

佛尔克，阿尔弗雷德（Forke，Alfred，1867—1944）——德国著名汉学家，曾任柏林东方语言学院中文教授，后出任汉堡大学汉学系教授，主要教授中国

穆勒，麦克斯（Müller，Max，1823—1900）——德国著名东方学家、语言学家，一生大部分时间都生活和工作在英国。是西方印度学和宗教学（Religionswissenschaft）的创始人之一。由他组织的多达50册的《东方圣典》(*Sacred Books of the East*)翻译工作是维多利亚时代学术的重大成就　131

Q

齐默尔，海因里希（Zimmer，Heinrich，1890—1943）——德国印度学家和语言学家，同时也是南亚艺术史学家，相关著述颇丰。纳粹统治时期由于夫人是犹太人而遭德国海德堡大学解雇，后流亡英国和美国，病逝于美国。2010年，海德堡大学为了纪念他而设立了"海因里希-齐默尔印度哲学和思想史讲座"　131

秦始皇（前259—前210）——首次完成中国大一统的政治人物，也是中国第一个称皇帝的君主，奠定了中国政治史上两千余年的政治格局　44，82，93，121

R

荣格，卡尔（Jung，Carl G.，1875—1961）——瑞士著名心理学家、精神科医师，分析心理学的创始人。荣格的研究在精神病学、人类学、考古学、文学、哲学、心理学和宗教研究等领域都产生过重大影响　131，132

S

僧叡（约354—约420）——中国东晋时期佛教僧人，其学说以般若、三论学为主。曾协助鸠摩罗什译经，后人称其为"罗什四大弟子"之一　150

沙畹（Chavannes，Emmanuel-Édouard，1865—1918）——法国著名汉学家，世界上最早开始整理研究敦煌与新疆文物的学者之一，还将《史记》以及《后汉书》的部分内容翻译成了法文　125，167

施狄勃，鲁道夫（Stübe，Rudolf，1870—1930）——德国历史学家、比较宗教学

W

X

Y

Z

事项索引

A

Y

Z

译后记

　　本书系德国哲学家雅斯贝尔斯《大哲学家》中关于孔子与老子的两部分的结集。这两部分是我多年前翻译的,此次单独收入这个译本,我将译文对照着德文原文进行了全面修订。"解说"部分的内容出自我的《雅斯贝尔斯与中国》一书中的两章,在收入此书的时候,同样做了较大的调整,增加了一些新的内容。

　　翻译所根据的德文版系:Karl Jaspers, *Die großen Philosophen.* Erster Band. München: R. Piper GmbH & Co. KG,1988。翻译过程中参考了田中元的日译本:『孔子と老子』(ヤスパース選集ⅩⅫ),东京:理想社,1967 年。《孔子》篇也参考过曼海姆(Ralph Manheim,1907—1992)的英译本:Karl Jaspers, *The Great Philosophers*. Edited by Hannah Arendt, Translated by Ralph Manheim. London:Rupert Hart-Davis,1962。日译本是严肃的学术翻译,除了将原文的所有信息全部移译成日文,还有译者做的详细的注释和解说。英译本是一种通俗的翻译,除了将篇前的"原典"和"研究文献"删除,内容的翻译也不完整。例如《孔子》中第二部分"孔子的根本思想:借对古代的复兴以实现对人类的救济",德文一共 4 页的内容(S. 157—160),而英文译文仅有 2 页(p. 53—54),这也是曾任教于亚利桑那州立大学的瓦拉夫(C. F. Wallraff)认为雅斯贝尔斯的英语翻译失败的原因。① 瓦拉夫写道："雅斯贝尔斯是否会同意这样的遗漏似乎令人怀疑。在给我的一封私人信件中,他表示自己反对浓缩,即使是廉价的平装版,并补充说,如果出版商坚持这样做,他希望能参与共同决定。"②

雅斯贝尔斯的《孔子》与《老子》实际上是从欧洲汉学出发对这两个哲学家的重构。因此,在书中不仅仅涉及诸如《论语》《老子》《史记》等中国古代典籍的还原,还涉及德国、法国、英国等欧洲汉学家有关中国文化的认识。2014 年 6 月我在位于奥登堡的卡尔·雅斯贝尔斯学会(Karl Jaspers-Gesellschaft e. V.)小住了几日,并做了一场有关轴心时代与中国的报告,更重要的是,我借此机会将雅斯贝尔斯所藏的 12 000 册图书都浏览了一遍,从而大致了解了作为 20 世纪最伟大的哲学家之一的雅斯贝尔斯的部分知识构成。他藏有 200 多本和汉学相关的图书,包括中国文化典籍的各种译本以及研究著作。这些藏书大部分是我在翻译《孔子》与《老子》时多次遇到的参考文献。雅斯贝尔斯在他的很多藏书中都用铅笔做了标注,可以看到他阅读的痕迹。而这些藏书中,也包括了他所有被译成日文的著作,因为他本人不懂日文,所以在日译本的每一个封套上都工工整整地写上了原书的德文名。中文译本在他的藏书中却只有两种,并且都是在雅斯贝尔斯去世多年后,由他的私人秘书萨纳尔(Hans Saner)购入的,其中包括我主持翻译的《大哲学家》的译本。

《大哲学家》一书是雅斯贝尔斯"哲学的世界史"宏大计划的一

---

① C. F. Wallraff, "Jaspers in English: A Failure of Communication", in: *Philosophy and Phenomenological Research*, Vol. 37, No. 4 (Jun., 1977), pp. 537 - 548.

② *Ibid.*, S. 541.

个重要组成部分,其德文版第一卷出版于 1957 年,其中包含了本书的《孔子》和《老子》两篇。第二、三卷是作为遗稿,由他曾经的私人秘书、雅斯贝尔斯研究者萨纳尔出版的。[①] 第一卷的德文版,在德国由皮珀(Piper)出版社出版过 5 个版本(分别是:1957、1959、1981、1988、1995),瑞士也曾经于 1983 年出版过 1 个版本。[②] 外文译本中,除了英、日译本,还有阿拉伯语、法语、意大利语、西班牙语、芬兰语、韩语、荷兰语、塞尔维亚-克罗地亚语译本,其中包括部分节译本。[③] 可见这部书对世界影响之大。

在本书翻译过程中,尽管我一直力求尽可能准确理解雅斯贝尔斯的思想,但移译过程中一定尚有罅漏之处,敬希读者不吝批评指正。由于本书涉及中国古代典籍的还原,个别引文尽管经过多方查证,依然处理得不一定很恰当,也请方家予以指教。华东师范大学出版社王焰社长自始至终对这套著作集给予关照,责任编辑朱华华女士提出了不少有益的意见,山东大学的包汉毅副教授帮我找到了部分《孔子》和《老子》引文的出处,在此我表示衷心感谢。

李雪涛

2022 年 5 月 24 日

于北京外国语大学历史学院

---

① Karl Jaspers, *Die großen Philosophen*. Nachlaß 1. Darstellungen und Fragmente. Nachlaß 2. Fragmente, Anmerkungen, Inventar. München/Zürich: R. Piper CmbH & Co. KG, 1981.

② Karl Jaspers, *Die großen Philosophen*. Erster Band. Zürich: Buchclub Ex Libris, 1983.

③ Cf. Christian Rabanus (Hrsg.), *Primärbibliographie der Schriften Karl Jaspers'*. Tübingen und Basel: A. Francke Verlag, 2000. S. 191 – 200.

《雅斯贝尔斯著作集》(37卷)目录

1.《普通心理病理学》

2.《心理病理学研究》

3.《史特林堡与梵高——对史特林堡及梵高的比较例证所做的病历志分析的尝试》

4.《世界观的心理学》

5.《哲学》(三册)

6.《理性与生存》

7.《生存哲学》

8.《论悲剧》

9.《论真理》

10.《论历史的起源与目标》

11.《哲学入门》

12.《哲学学校》

13.《哲学的信仰》

14.《鉴于启示的哲学信仰》

15.《哲学与世界》

16.《大哲学家》

    a. 孔子与老子

    b. 佛陀与龙树

    c. 康德